U0553899

60分钟
读懂宏观经济

谷宏伟 编著

2016年 · 北京

图书在版编目(CIP)数据

60分钟读懂宏观经济 / 谷宏伟编著 .—北京:商务印书馆,2016
ISBN 978-7-100-12005-0

Ⅰ.①6… Ⅱ.①谷… Ⅲ.①宏观经济学—通俗读物
Ⅳ.①F015-49

中国版本图书馆CIP数据核字(2016)第032473号

60分钟读懂宏观经济
谷宏伟 编著

商 务 印 书 馆 出 版
(北京王府井大街36号 邮政编码100710)
商 务 印 书 馆 发 行
北京中科印刷有限公司印刷
ISBN 978-7-100-12005-0

2016年5月第1版 开本 787×1092 1/16
2016年5月北京第1次印刷 印张 11 1/4
定价:26.00元

目　录

第一章　GDP 与生活满意度

宏观经济的一把尺子

已故著名经济史学家安格斯·麦迪逊（Angus Maddison）长期致力于用客观数据来刻画世界各国的经济增长，以求还原历史的真实面貌。数据是事实的精炼，相比文字，数据会显得更客观、准确。举个例子，我们常说，与西方国家比较，中国古代的经济发达而近代落后，这个论断的依据是什么？发达或落后具体又到了什么程度？回答这类问题，使用微观数据固然可以，但考虑到生活方式和环境的不同，用宏观数据会更有说服力，而在全部的宏观数据中，GDP（国内生产总值）或人均 GDP 是最常用也最基础的指标。

如果问一位生活在邻国的同志："你生活得幸福还是美国人生活得幸福？"答案多半是前者，因为在他们所能接触到的有限的媒体中，满眼都是些"领导很忙、群众很幸福、国外很乱套"之类的东西，西方世界就是人间地狱，资本家就是把牛奶倒掉也不会低价卖给穷人，大街上遇到的不是犯罪分子就是吸毒瘾君子……除了被对事实的刻意歪曲所蒙蔽之外，这个问题也涉及一个比较困难的技术工作，即如何进行国家间的比较。是的，大家生活在不同的地方，吃的、穿的、买的、用的、生产的都不尽相同，怎么判断谁比谁生活得好一些呢？

经济学家也在长期思考这件事，到了 20 世纪初，总算有所收获，琢磨出了我们今天普遍使用的一整套国民核算体系，难怪有的经济学大师直言，这是一项堪与"风、火、轮"相媲美的伟大发明，带头的几位最后都获得了诺贝尔经济学奖，其中就包括大名鼎鼎的库兹涅茨（Kuznets）。可以说，如果没有数据的收集整理工作，或者没有一套完整的指标体系，就不会有今天大行其道、风光无限的计量经济学①。

研究整体经济运行情况的经济学叫作宏观经济学。与微观经济学不同，它不考察单个个体（比如个人、家庭、企业或政府）的行为，只是尽量从宏观上来把握大局，使用的变量也往往是一些经过技术处理的总量指标，例如 GDP、CPI 等等。它的研究主题包括经济增长、失业、通货膨胀等等，但这些主题的展开，都离不开 GDP。

回到前面的那个问题，你确定中国古代比西方发达吗？这是一个复杂的问题。如果仅仅从经济角度看，经济发达常常意味着高的人均 GDP。那么，麦迪逊在这方面给我们提供了哪些证据呢？②

从表 1–1 中能看到，截至公元 1000 年以前，埃及差不多是全世界最富有的国家，印度和中国相仿，英国要略差一点，我们可以认为中国在当时是世界上经济最发达的国家之一。不过世界平均水平的数据告诉我们，几个主要经济体之间的贫富状况相差无几。没错，在人类漫长的历史中，显著的经济增长也只是最近二三百年才有的事，而在之前的那段时间里，人类社会是基本上是缓慢发展甚至停滞不前的。我们还能注意到，在公元 1000 年左右（大约是北宋的样子），中国的确成为主要经济体中人均 GDP 最高的国家之一，人均 GDP 达到 466 美元，那时候的欧洲正处于黑暗无边的中世纪时代，人均 GDP 只有 400 美元，埃及的经济甚至出现了绝对的下降，从 600 美元降到 500 美元。到公元 1280 年（宋末），中国为 600 美元，欧洲为 576 美元。到公元 1700 年（清康熙年间），由于中国人口增长过快，虽然经济总量仍在增加，人均 GDP 却依然为 600 美元，低于英国的 1,250 美元，其他几个主要经济体同 1000 年相比也没有什么变化。1840 年鸦片战争失败后，中国经济一蹶不振，1870 年人均 GDP 降至 530 美元。即使民国时期经济表现最佳的 1936 年，人均 GDP 也只是 597 美元的水平，未超过历史上的 600 美元。由于内战，到 1950 年，中国人均 GDP 仅为 448 美元，还不及宋朝初期的

450 美元。直到 1956 年才超过宋朝的水平，达到 616 美元，而这个时候的英国人均 GDP 已经达到 8,000 美元了。

表 1-1 公元 1—1820 年各国人均 GDP 比较（以 1990 年美元计算）

年份 \ 国家	中国	英国	希腊	印度	埃及	世界平均
1	450	400	550	450	600	467
1000	466	400	400	450	500	453
1500	600	714	433	550	475	566
1600	600	974	483	550	475	596
1700	600	1,250	530	550	475	615
1820	600	1,706	641	533	475	666

资料来源：麦迪逊著，《中国经济增长的长期表现：公元960—2030年》，上海人民出版社，2011年版。

按照马尔萨斯的“人口理论”，在古代社会——那个没有计划生育的年代，经济繁荣往往意味着人口增加，没有生育控制的技术和制度，只有战争和疾病是人类的杀手，当然也是经济杀手。中国在公元 1 年的人口总数大约为 5,960 万，其后人口数量变化不大，公元 1000 年的人口是 5,900 万，但到了 1500 年左右的时候达到了 10,300 万，这在一定程度上反映了当时的经济繁荣。其后的发展如图 1-1 所示。[3]

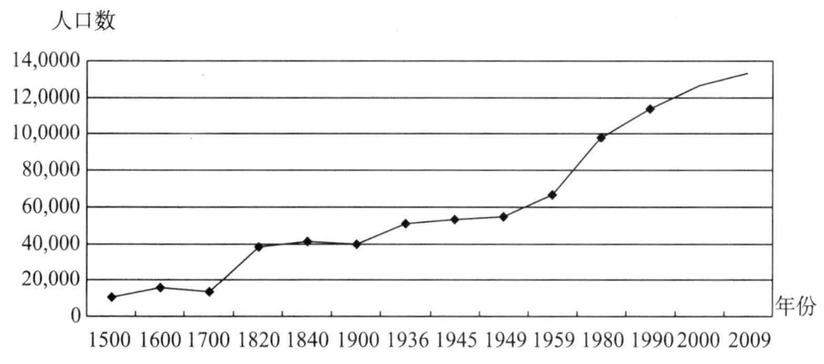

图 1-1 中国的人口数量（1500—2009，单位：万人）

资料来源：麦迪逊著，《中国经济增长的长期表现：公元960—2030年》，上海人民出版社，2011年版。

总而言之，当我们考察一种经济现象时，可能有多个指标可供选择。

如果我们观察的是整体经济的运行情况，类似GDP这样的经济指标就不可或缺了。那么，GDP究竟是什么？它又是怎么计算的？

什么是GDP

GDP又叫国内生产总值，说的是“一定时期（通常为一年）内一个经济体（一国）所生产的最终的商品和服务的市场价值之和”。这个概念说起来很拗口，定语很多，表明定义明确，内容具体。根据这个概念，在计算GDP时，哪些该计入，哪些不该计入，说得一清二楚。

为了便于理解和记忆，以一个国家的年度GDP为例，我们把上面的概念分解成一些关键词：“一年内”、“一国”、“生产的”、“最终的”、“商品和服务”、“市场价值之和”。

“一国”和“一年内”这两个词容易理解。GDP的全名叫“国内生产总值”，“国内”意味着一国的领土之内，也就是说，不论本国人还是外国人，但凡是在本国国土内生产的产品就要计入本国的GDP。这就涉及GDP和GNP（国民生产总值）的区别了，后者强调核算的“国籍”属性，生产的主体必须为本国人。从概念上看，不少人认为GNP比GDP要好：怎么能把外国人创造的财富计算在本国的产值中呢？可实际上，鉴于当今世界开放经济的现实，核算GDP要更容易一些，而GNP反倒难以准确核算。此外，作为一国居民，也没必要担心外资企业赢利后会把利润全都拿走。只要在它我们的国内，就一样要缴税，一样解决本国的就业，并非对当地经济毫无贡献。正是出于以上两点的考虑，GDP更为常用。而从企业的角度业来讲，其目标是尽可能地获得最大的利润，只要在这个国家发现了经济机会，它也一定会将赚到的利润再投资于该国。赚了钱就跑，回家“买房子、买地、存银行”，这种想法早就过时了。

消费是一切生产的最终目的，但概念中的“生产”一词意味着核算是以“生产”而不是以“消费”为依据。我们知道，虽然生产是为了消费，但从时间上来看，今年消费的东西并不一定就是今年生产的，比如旧货或“二手货”。前两年，中国国内地产严控、股市低迷、银行负利率，于是大量游资进入五花八门的领域，管他什么黄金邮票、古玩大蒜、小猫小狗、中药渣子。最有趣的是名画的股权，一幅名画分成若干股，然后卖给你。抛开最后你持有的股份能换来画中的一棵小草还是天上的一片云彩这类问题不论，炒作的结果倒是让人大跌眼镜，很多二线画家的作品竟然拍出天价。不过，在 GDP 的核算中，哪怕原来废纸一张的素描今天变成天价也不能计入今年的 GDP 中，它只能按照画家画完之后在市场上首次交易的价格计入当年的 GDP。名画如此，邮票珠宝也一样。总而言之，二手货的价值不计入当年的 GDP。

“商品和服务”表明 GDP 既包括有形的商品，也包括无形的服务。我们知道，在现代社会中，随着分工的深化，服务业所占的比重越来越大，从业人员也越来越多。根据官方的统计，今天，在美国、日本、英国这样的发达国家，服务业占 GDP 的比重达 75% 以上；中等收入国家一般在 60%—65%，而中国是 40% 左右，发展明显滞后，也反映了中国宏观经济结构的特点和不足。过去，苏联及相关社会主义国家曾经使用过一套不同于 GDP 的国民收入核算体系——“物质产品平衡体系（MPS）”，这是“经互会组织”根据会员国的实践经验制定的适用于计划经济国家的国民经济核算方法。其基本依据是马克思主义的再生产理论，主要特点是，社会总产品和国民收入只限于物质产品，不包含服务，因为后者投入的是社会劳动，不增加供社会支配使用的物质产品总量，所以不创造国民收入。在这样一种指标的激励下，国民经济的三大产业发展各有不同，重工业发展迅速，而轻工业特别是服务业极端落后。后来随着苏联的解体及东欧国家的剧变，加之以前实施中央计划经济的国家基本上都在向市场经济过渡或者已完成了过渡，MPS 体系也退出了历史舞台。

“市场价值”和交易有关，这也是 GDP 核算争议最大的地方。简单来说，无论产品和服务是否具有社会意义，经过市场交换就计入 GDP，不经交换就不能计入GDP。例如女性给别人当保姆，工资收入计入GDP；而给自己家做家务，无论多苦多累，对GDP都没有贡献。两个单身汉，自己给自己洗衣服、做饭、打扫不算作GDP；而互相为对方做家务并支付报酬，只要交易被记录在案，哪怕相互支付等额的工资而自己的收入最终没有任何变化，两个人的工资也会计入GDP。核算的注重市场交易的规定看起来值得商榷，但在多数情况下还算是一个准确、合适的准则。

掌握了这几个关键词，基本上也就明白GDP核算的要领了。根据中国政府的统计，在2010年，中国的GDP首次突破40万亿大关。图1-2给出了改革开放30多年来中国的GDP变化情况，增长趋势十分明显，年增长率在9%以上。

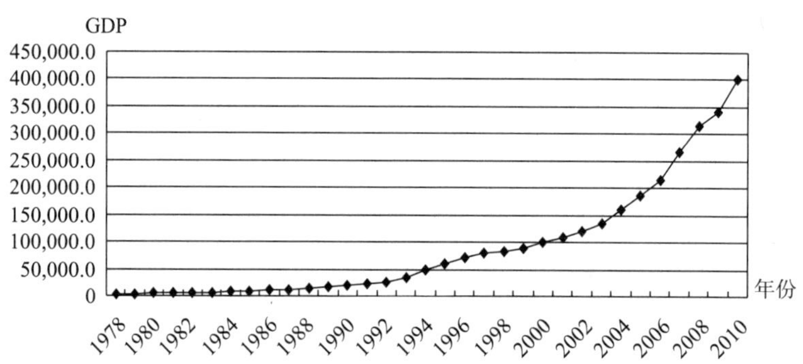

图1-2 中国的GDP变化（1978—2010，单位：亿元）

资料来源：中华人民共和国国家统计局网站。

经济学家在库兹涅兹工作过的地方（宾夕法尼亚大学）成立了一个“国际比较中心”(CICUP)。其中几位〔艾伦·赫斯顿（Alan Heston）、罗伯特·萨默斯（Robert Summers）和贝蒂纳·阿滕（Bettina Aten）〕出于研究上的便利，几十年如一日地收集宏观经济数据，建立了一个数据库并不断升级，命名为“宾州世界表”（Penn World Table）。因为数据既全又新，该表已经成为专业人士的最爱，我们以后也会常常用到。最新的7.0

版本涵盖了 198 个国家和地区 1950 年以来的数据，图 1–3 就来自这里。[④]从总量 GDP 来看，20 世纪五六十年代的时候，除了美国之外，其余几个国家都相差无几，然后是六七十年代日本和 80 年代中国的异军突起。日本经济在 90 年代开始放缓，最近两年受经济危机的影响甚至出现了 GDP 绝对下降的趋势。今天，中国的总量 GDP（按购买力平价法）已经远超日本成为世界第二大经济体。然而，这并不足喜，在最重要的人均 GDP 方面，日本仍 10 倍于我，从整个世界的排名来看，中国多年来始终在 100 名左右徘徊，近几年甚至还有下降的趋势。

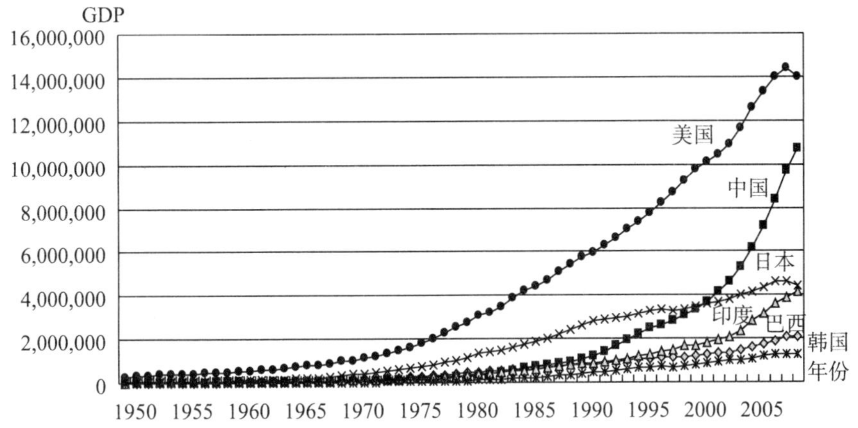

图 1–3　按购买力平价计算的几个主要国家的 GDP 变化

（1950—2009，单位：百万美元）

资料来源：Penn World Table 7.1.

国民收入核算就是国家给整个经济做的一个会计账户，常用的指标不止 GDP 一个，还有 GNP、NI（国民收入）、PI（个人可支配收入）等等。它们之间既有联系也有区别，存在一定的换算关系。以 GDP 和 PI 为例，人均 GDP 并不是你可以任意支配的收入，经过加加（特别是）减减很多道工序之后，最终变成的 PI 才是。别奇怪，当地方政府公布本地人均 GDP 的时候，多数人都会大吃一惊，觉得自己没赚那么多的钱，拖了政府的后腿。人均 GDP 和到你手里的钱差远了，税越高，差得就越多。

怎么算 GDP

如果你在农村租了块地弄个果园，并雇了几个人帮忙干活。怎么来计算果园的 GDP 呢？

不管现实经济开放程度如何，在经济学家的心中总有一个理想的模型与之对应。在一个封闭的“循环图”中，虽然经过高度抽象，但各部门之间重要的经济往来还是一清二楚。货币和商品在各个部门之间你来我往，就整个经济体来说，所有部门的收入之和一定等于它们的支出之和，也等于产出之和，也就是“收入 = 支出 = 产出”。这为我们核算 GDP 提供了三条思路。

产出法是计算果园一年的水果产量，支出法是计算果园的销售总额，收入法是将整个果园的工人工资和你获得的利润加到一起来计算果园的 GDP。果园产了多少，你就卖了多少，进而也就收入了多少。所以，这三种方法观察的角度虽然不同，但算出的结果应该是一样的。

我们就以常用的支出法为例来介绍一国 GDP 的核算。一国生产的商品和服务都被哪些部门买走了，用在何处？大体上可以分为四个部分：消费（C）+ 投资（I）+ 政府购买（G）+ 净出口（NX）。根据官方的数据，2012 年根据支出法计算的中国 GDP 为 527,608 亿元，其中消费（含政府购买或政府消费）和投资各占约 49% 和 48%，净出口约 2%；而在全部消费支出中，政府的消费约占 27%。⑤美国多年以来的平均情况是，消费占 70%，投资 15%，政府购买 20% 左右，净出口 –5%（贸易逆差）。从构成上的差异来看，中国的经济增长过分依赖投资，而发达国家主要取决于消费。为什么中国人消费低呢？一种解释可能是我们“藏富于国”了，这是一个值得深思的问题。

上述官方数据中 GDP 的计算是将所有商品的数量乘以各自当前的价格然后加总，这被称为名义 GDP。而为了便于在不同时期进行比较，在计算“市场价值”的时候，有时候用的是事前确定的某一年（基期）的价格，这样求出来的结果叫作实际 GDP。从概念上看，名义 GDP 的变化包含了商品自身数量和价格这两方面的变化，而实际 GDP 的变化只涉及前一种变化。经济一有风吹草动，货币当局会基于各种原因改变货币数量，价格也会随之波动，因此，实际 GDP（或人均实际 GDP）才最能反映真实的收入情况。名义 GDP 和实际 GDP 的差与实际 GDP 之比被称为 GDP 平减指数，它反映了物价的波动，和下一章要介绍的 CPI 一样，是计算通货膨胀的一种方法。[⑥]

GDP 与幸福感

GDP 的概念明确而具有可操作性（科学的概念大都如此），这也使得它存在一些明显的问题而为人所非议。例如，健康、环境、休闲、廉政、勇气、智慧等与我们的生活福利息息相关的因素，却并不反映在 GDP 中。我们知道，古往今来，落后国家的发展或者工业化的过程几乎无一例外地是以牺牲环境为代价的，英美如此，日韩也不例外，今日中国情况尤为突出。很多地方政府为了发展经济，管他什么森林、湖泊、沼泽、草原、湿地、海岸线，一副天不怕地不怕的气概，满脑子人定胜天的想法，不惜出台各种优惠政策为各种高污染企业大开绿灯，挂绿色 GDP 之名，行黑色或黄色 GDP 之实，导致环境被严重破坏。以牺牲环境为代价换取的 GDP 是否该打一些折扣呢？值得我们认真反思。

还有一种活动也没有计入 GDP，那就是地下经济（灰色或黑色经济）。不要以为地下经济都是些杀人放火、盗窃抢劫之类的勾当，其实多数地下经济的交易内容都是合法和正当的，相当一部分是为了躲避政府的管制（特别是税收，比如黑出租）才转入地下。一个国家对微观经济的干预越强，税负越重，地下经济也就越活跃。反过来，一些不正当的勾当，只要肯行贿，也可以免于税收，于是开始光明正大地“地上化”了。这两种情况在日常生活中都不难发现。根据一份国际权威机构的估计，发达国家的地下经济约为 GDP 的 20%，发展中国家要多一些，大约在 40%—60%，中国地下经济约占 GDP 比重的 40%。[⑦]从这个角度来讲，中国的 GDP 是被低估了。

不过，即便 GDP 存在诸多缺陷，并不妨碍它成为我们目前可获得的衡量我们生活满意度的一个最客观、科学的指标。不仅因为 GDP 本身与我们的生活质量密切相关，其他一些我们关注的指标也和 GDP 有着密切的联系，例如预期寿命、成人识字率、新生婴儿死亡率，等等（见图 1-4 和图 1-5）。

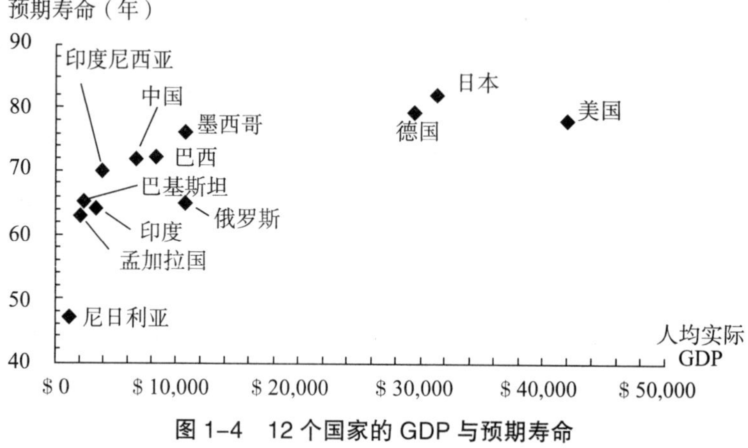

图 1-4　12 个国家的 GDP 与预期寿命

资料来源：Mankiw. G. , 2008, *Principles of Economics*（*4e*）, p. 447, South-Western Cengage Learning.

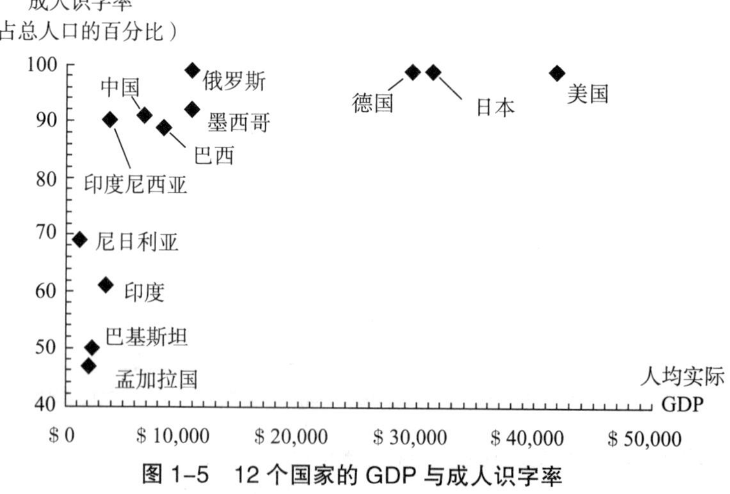

图 1-5　12 个国家的 GDP 与成人识字率

资料来源：Mankiw. G. , 2008, *Principles of Economics*（*4e*）, p. 447, South-Western Cengage Learning.

经济学家伊斯特林（Easterlin）是研究“生活满意度”或“幸福感”的国际权威，无论从使用的方法和调查的样本来看，他所从事的调查研究都远非国内类似调查所能相比，可信度极高。通过多年调查，他发现生活满意度和GDP（或GNP）息息相关，收入越高，满意度也越高（尽管是以递减的速度提高）；当GDP达到一定程度之后，收入再继续增加，满意度只有微小的提高（这就是有名的“伊斯特林悖论”）。图1-6就给出了这种关系。[8]

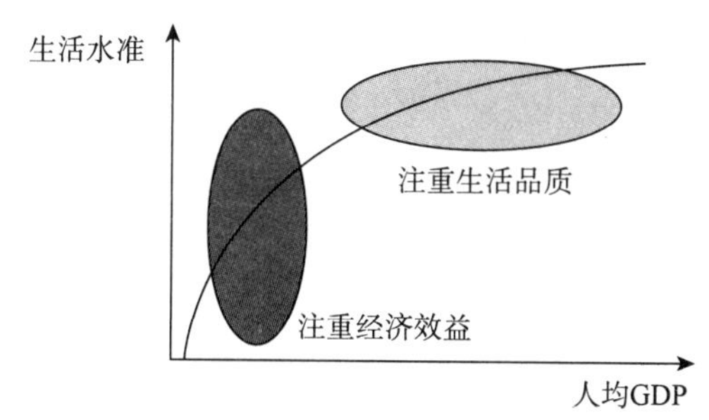

图1-6　人均GNP与生活水准

资料来源：根据“世界价值观调查”网站（http://www. worldvaluessurvey.org/）提供的数据和资料绘出。

受他的启发，后来有大量学者继续这一研究，比较著名的是英格尔哈特（Inglehart）领衔的“世界价值观调查”。调查迄今为止已经进行了5期，持续26年，共调查了35万人。最近的调查给出了一个包括97个国家的“幸福感”排名，排在榜首的是丹麦、波多黎各，美国排名16、日本43、中国54，最后一名是津巴布韦。由于在不同的国家和连续的调查中都询问相同的问题，从而保证了基本的可比性。这显然比在大街上随便找个人简单问一句“你幸福吗？”这样的调查要科学和严谨得多。根据最近的4次调查，他们发现“人们对自由愈发重视，在幸福水平的提高过程中，自由似乎发挥了比经济增长更重要的作用……此外，最大限度地提高国民幸福水平的最有效途径似乎也在随着经济的发展而改变。在仅能维持生存基准的社会中，幸福水平与群体团结和国家荣誉紧密相关。在经济安全程度较高的社会中，自由选择的权利对人们快乐与否影响最大”。这个结论也为一国提高本国居民的幸福感指明了方向。

另一个调查结果也很有趣，我们也把它列出来，如图 1–7 所示，它的含义是：越老越物质。横轴代表年龄组，纵轴是价值观，我们会发现，随着年龄越来越小，物质主义的倾向逐渐下降，后物质主义（或理想主义）的倾向越来越高。对老年人，收入或者人均实际 GDP 是非常重要的。年轻的时候靠理想生活，年老的时候靠物质生活。

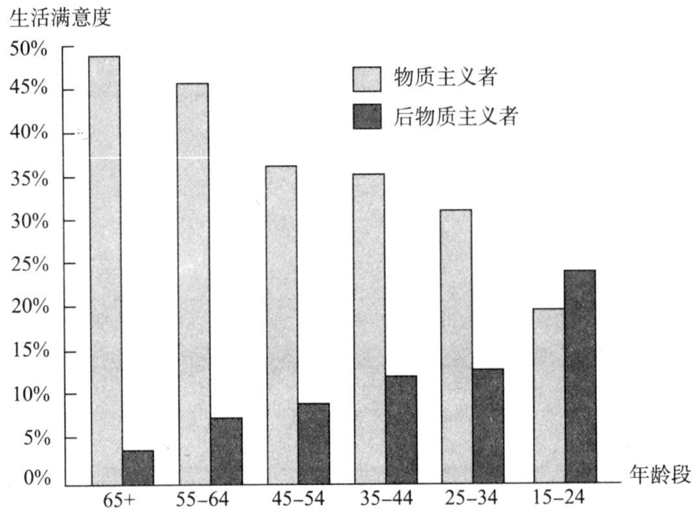

图 1–7　主要国家的生活满意度

资料来源：根据“世界价值观调查”网站提供的数据和资料绘出。

图 1–8 给出了几个主要国家的生活满意度变化情况，趋势线是根据最近几次调查结果综合得来的。我们发现，主要发达国家的生活满意度基本比较稳定，印度和韩国上升明显，中国稳中略降。

经合组织 (OECD) 在前不久也发布了一份涉及 40 个国家的生活质量报告。该调查使用的衡量标准不再是一个国家经济增长的速度或者整体经济规模，而是采用了更加广泛的 11 项指标，包括收入、就业、住房、教育、环境、卫生、社区生活、机构管理、安全、工作与家庭关系以及对生活条件的整体满意度。中国在这一报告中的排名依旧难言乐观。[⑨]

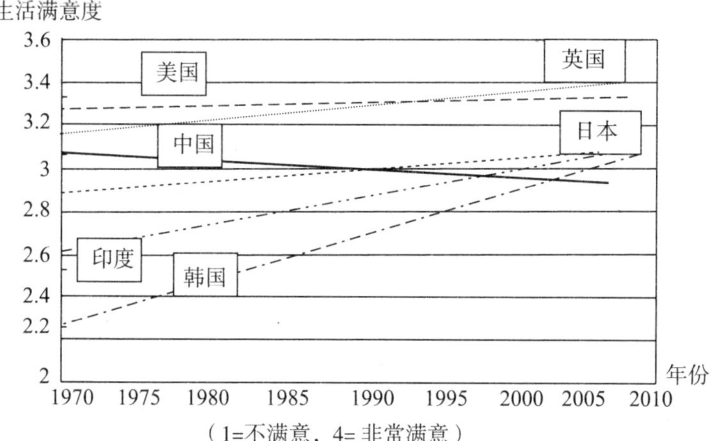

图 1–8　20 世纪 80 年代以来主要国家的生活满意度变化趋势

资料来源：根据“世界价值观调查”网站提供的数据和资料绘出。

由此可见，GDP 虽然不是幸福生活的全部，但却是其中最重要的组成部分。从政府的经济责任来看，追求 GDP 增长无可厚非。当下社会，人们把环境污染、道德滑坡归结为 GDP 之祸，是只看到了问题表面，我们应该从深层的制度安排上寻找原因。

GDP 至关重要，但不是唯一重要的！

第二章　CPI

消费是一切生产的最终目的。从经济学上看，人们辛勤地工作，目的是为了能赚更多的钱来消费，但收入增加就一定会提高消费吗？举个例子，根据国家统计局的信息，改革开放的30年间（1978—2008年），中国的人均GDP由381元增长为23,648元，提高了60多倍。这一结果虽然同联合国及世界银行的估计（30倍左右）相差一半，但仍表明中国人的收入水平有了大幅度的提高。那么，收入提高了这么多倍，是不是我们的购买力也有同等幅度的变化呢？

答案是否定的。实际上，30年来，粮食、蔬菜、服装等商品的价格上涨了10—20倍左右，而教育、医疗和住房的价格涨幅几乎和收入的涨幅相同。看来，我们在关心收入的时候，还要关心商品的价格，通过这二者的比较才能衡量我们真实的购买力。年纪稍长一点的人都会回忆起二三十年前，一毛钱或者一块钱有多强的购买力，而眼下，一毛钱几乎什么都买不了。

文艺作品中，我们也常常会看到对物价的描述。20世纪抗日战争行将结束之际，西南联大的著名诗人杜运燮写了一首名为《追物价的人》的诗，介绍了抗战末期的物价情况：

物价已是抗战的红人。

……

他的身体便如烟一般轻飞。

但我得赶上他，不能落伍。
抗战是伟大的时代，不能落伍。
虽然我已经把温暖的家丢掉，
把好衣服厚衣服，把心爱的书丢掉，
还把妻子儿女的嫩肉丢掉，
而我还是太重，太重，走不动，
……
看看人家物价在飞，赶快迎头赶上，
即使是轻如鸿毛地死，
也不要计较，就是不要落伍。

经济学上，衡量物价上涨的指标叫作价格指数，它反映了不同时期商品价格水平的变化方向、趋势和程度，是经济指数的一种，常以报告期和基期相对比的相对数来表示。价格指数按其所包括范围的不同可分为个体指数（只反映某一种商品的价格变动）、类指数（反映某一类商品价格水平的变化）和总指数（反映全部商品价格总水平的升降程度）。中国是从20世纪20年代开始编制价格指数的。

在常见的价格指数中，GDP平减指数是根据所有商品和服务的价格计算出来的，消费者物价指数（简称CPI）是根据普通居民经常消费的商品和服务的价格计算出来的，而生产者价格指数（简称PPI）是基于主要工业品出厂价格和原材料价格而计算的。这些指数之间有一定的联系。作为普通的消费者，我们最关心的当然是CPI了，因为它反映了生活成本或生活费用的变化情况。

CPI的概念及核算

CPI（Consumer Price Index，消费价格指数）是度量消费商品及服务项目价格水平随着时间变动的指数，是普通消费者购买商品和服务的总费用的衡量标准。

中国的CPI月度数据目前由国家统计局在每个月的上旬以新闻发布会的形式公布，公布的内容包括：全国及各省（区、市）CPI，36个大中城市CPI。除了总指数外，还有大类指数及部分中类指数（如食品类中的粮食价格、油脂价格、肉禽及制品价格、鲜蛋价格、水产品价格、鲜菜价格、鲜果价格、调味品价格等等）。

国家统计局在计算CPI和通货膨胀率时，将调查全国30多个省的500多个市、县的近13万户居民家庭（城市5万多，农村7万多）的消费支出构成情况，近4,000名受过专业培训的价格采集员从事价格收集工作，调查网点包括超市、菜市场、百货商场、医院、旅行社等约5万多个，所涉及的700多种商品和服务涵盖了食品、衣着、居住等8大类的263个基本分类。

为了简单地说明CPI的具体编制情况，我们假设消费者只消费两种商品：商品1和商品2，编制的步骤如下：

1. 固定篮子。简单地说，就是要确定CPI编制时所涉及的商品种类和各自的数量（或权重）。具体来说，先根据代表性消费者的消费情况，确定有哪些商品纳入到CPI的编制中。每种商品价格的权重是不同的，要根据实际情况来确定。如果消费者消费商品1多一些，那么1的价格也就更重要，进而在整个CPI编制中的权重更大。也就是说，在这一步中，统计局通过调查普通消费者所购买的一篮子商品来确定这些权重。比如，我们假设消费者购买的这篮子商品中包含3单位商品1和2单位商品2。

2. 发现价格。分别找出每一时期（通常是一个月或者一年）篮子中每种商品或者服务的价格，并记录下来。为了能进行纵向的比较，商品的种类和数量在指数编制的初期一旦确定，就不宜频繁地进行大的调整。不过，随着经济的发展，消费者的消费也会随之变化，以致篮子中所包含的种类和数量与现实消费不符，所以每过一段时间，统计部门就会对篮子中的商品进行微调，一般是“一年一小调，五年一大调”。例如，从 2011 年 1 月起，中国 CPI 开始计算以 2010 年为对比基期的价格指数序列，并按照制度规定对其权重构成进行了相应调整：在 8 大类权重构成中，调高居住类权重 4.22 个百分点，降低食品等其他 7 项的权重，其中调低食品类权重 2.21 个百分点。

3. 计算在不同时期购买这一篮子商品所需的成本。分别将收集到的每一期的商品价格同该商品不变的数量相乘，得到这一期购买这篮子商品所花费的成本。有几个时期，就可以计算出多少个这样的成本。在下面的例子中，我们商品 1 和商品 2 的数量始终是 3 和 2，唯一变化的只有价格，这样，我们就能将价格变动的影响同数量变动的影响区别开来。

4. 选择基期并计算指数。将某一时期（某一年或某一月）指定为基期，作为与其他各期进行比较的基准。确定了基期之后，按照如下公式计算出 CPI：

$$\text{CPI}=\frac{\text{当期一篮子商品的成本}}{\text{基期一篮子商品的成本}}\times 100\%$$

5. 计算通货膨胀率。利用 CPI 能计算出一段时期以来物价指数的变动情况（百分比），即通货膨胀率。我们以年度通货膨胀率为例，计算方法如下：

$$\text{通货膨胀率}=\frac{\text{当年的 CPI}-\text{上一年的 CPI}}{\text{上一年的 CPI}}$$

通过这 5 个简单的步骤，我们不仅计算出了 CPI，还顺便求出了基于 CPI 的通货膨胀率。下面我们将在两种商品（商品 1 和商品 2）的情形下，做一下练习，以便让你更清楚地了解这一过程（见表 2–1）。

表 2-1 计算 CPI 的一个例子

<table>
<tr><td colspan="3">第一步：固定篮子
3 单位商品 1，2 单位商品 2</td></tr>
<tr><td colspan="3">第二步：发现价格</td></tr>
<tr><td>年份</td><td>商品 1 的价格（元）</td><td>商品 2 的价格（元）</td></tr>
<tr><td>2011
2012
2013</td><td>2
3
4</td><td>3
4
5</td></tr>
<tr><td colspan="3">第三步：计算在不同时期购买这一篮子商品所需的成本
2011 年：　3 单位商品 1× 每个 2 元 +2 单位商品 2× 每个 3 元 =6+6=12 元
2012 年：　3 单位商品 1× 每个 3 元 +2 单位商品 2× 每个 4 元 =9+8=17 元
2013 年：　3 单位商品 1× 每个 4 元 +2 单位商品 2× 每个 5 元 =12+10=22 元</td></tr>
<tr><td colspan="3">第四步：选择某一年（2011 年）作为基期并计算 CPI
2011 年：　（12 元 /12 元）×100=100
2012 年：　（17 元 /12 元）×100 ≈ 142
2013 年：　（22 元 /12 元）×100 ≈ 183</td></tr>
<tr><td colspan="3">第五步：根据 CPI 计算本年度的通货膨胀率
2012 年：　（142—100）/100=42%
2013 年：　（183—142）/142 ≈ 29%</td></tr>
</table>

虽然在现实中，国家统计局在计算 CPI 的时候所涉及的商品数量远不止两种，但计算的方法和步骤与此类似。困难的是，它必须要准确地收集到纳入 CPI 计算范围的所有商品的价格变动情况，一般情况下，常常有某些商品价格的变动十分细微，因此，要确保结果的质量，要求统计人员有极大的耐心和细致、认真的工作态度。

中国 CPI 的构成

前面说过，国家统计局在编制消费者价格指数时，会尽可能地将代表性消费者所购买的全部商品和服务都包含进来，然后把它们按用途划分为八大类：食品、烟酒及用品、服装、家庭设备用品及维修服务、医疗保健及个人用品、交通和通信、娱乐教育文化用品及服务、居住。截止到2011年，中国CPI构成和各部分比重分别为：食品31.79%、烟酒及用品3.49%、服装8.52%、家庭设备用品及维修服务5.64%、医疗保健及个人用品9.64%、交通和通信9.95%、娱乐教育文化用品及服务13.75%、居住17.22%（见图2-1）。

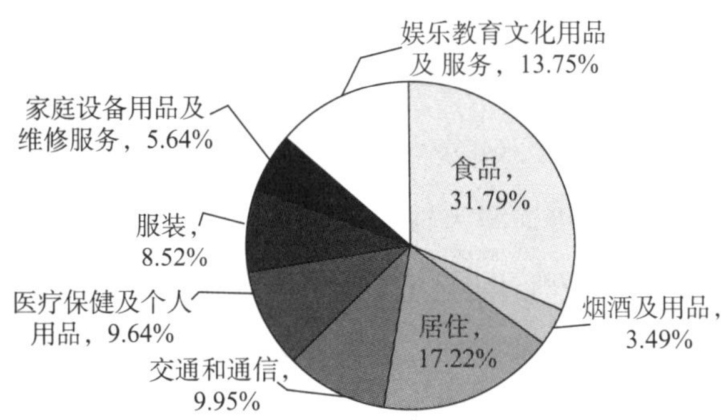

图2-1 中国年度CPI篮子的构成（2011）

资料来源：中华人民共和国国家统计局网站。

由于收入水平和生活方式的差异，不同国家CPI篮子的组成和权重会有所不同，根据经济学中的"恩格尔定律"，越是发达国家，食品支出的占比就会越低。以美国为例，它在计算CPI时，住房的比重更大，食品的比重较小，教育、医疗等比重也要低于中国（见图2-2）。

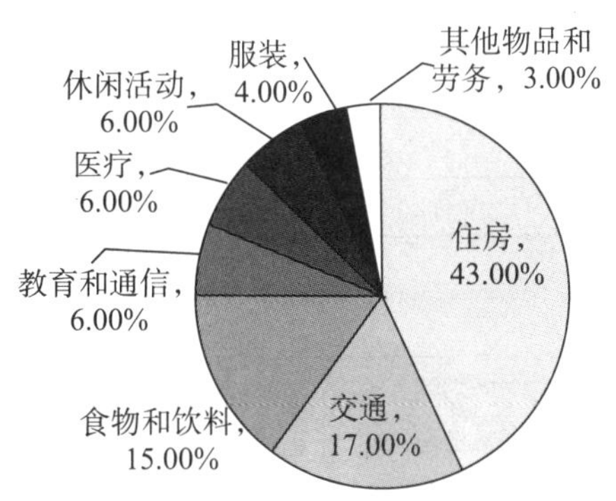

图2-2 美国年度CPI篮子的构成（2011）

资料来源：美国劳工部网站。

CPI 的用途及存在的问题

一般来说，CPI 有三个用途。首先，CPI 是度量通货膨胀的一个重要指标。通货膨胀是物价水平普遍而持续的上升，它的计算是以价格指数为基础的。因此，CPI 的高低可以在一定水平上说明通货膨胀的严重程度。其次，CPI 还有助于国民经济的核算。在国民经济核算中，考虑了各种价格指数（如 CPI、PPI 以及 GDP 平减指数）后就能剔除价格因素的影响，了解真实的产出水平，进而对总体经济的运行情况以及大众的生活水平有一个更准确的判断。另外，CPI 还有助于工资和补贴等合同的指数化。例如，在工资谈判中，雇员希望自己工资收入的增长不低于同期的 CPI，希望名义工资能随着 CPI 自动调整。于是，在签订工资合同的时候，就会要求工资自动按物价水平的变动而矫正，这就是所谓的指数化。

在下面的两张图中，图 2-3 给出了中国近 20 年的 CPI 变动情况，我们看到，整个 20 世纪 90 年代是 CPI 大起大落的时期，1994 年是中国 CPI 的顶峰，在当年的 10 月份，中国的 CPI 达到 164.3 的最高点，而 CPI 的

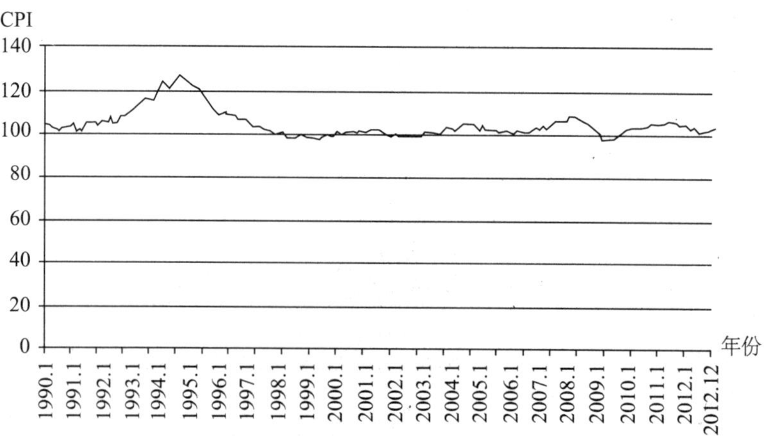

图 2-3 中国居民消费价格指数走势（1990.1—2012.12，上年 =100）

资料来源：中经网统计数据库。

最低点则出现在 1999 年 3 月和 2009 年 7 月，同为 98.2。

在 CPI 的几个组成部分中，我们又挑选了几类主要的商品，它们的走势见图 2–4，其中，肉禽类商品的价格走势波幅最大，粮食次之，教育费用和房租成本的变动相对较小。相信很多人对 2008 年猪肉上涨的惊心一幕还记忆犹新。

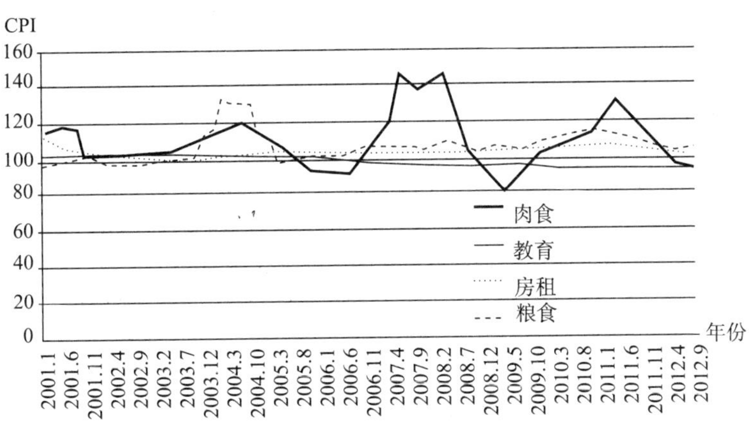

图 2–4 主要消费品价格指数走势（2001.1—2012.9，上年 =100）

资料来源：中经网统计数据库。

CPI 的用途广泛，是一种重要的价格指数乃至于经济指数，不过，在使用它的时候，我们必须要认识到，受核算方法的局限，CPI 很难完美地反映出生活成本的变化。具体来讲，存在下面几个问题：

*不考虑消费上的替代行为。*我们知道，商品之间的关系有替代和互补这两种。如果两种或者多种商品中的每一种都可以满足你的需求，则称这些商品之间互为替代品；如果这些商品必须一同消费才能满足你的需求，则称它们为互补品。很少有商品在消费者中是独一无二、不可替代的。有人说粮食不可替代，实际上粮食起码还有米、面之分，它们中的任意一种都可以满足你的充饥之需。了解到这一点后，你就会清楚，在物价高涨的时期，并不是每一种商品价格涨幅都一样，而消费者的理性反应是，尽可能地远离或者少消费那些价格涨幅比较大的商品，转而去消费价格涨幅相

对较小的商品。不过由于在计算 CPI 时，商品的种类和权重在一个相当长的时期内都是固定的，原来消费的商品因为涨幅过高被放弃，而新消费的替代品可能并没有纳入到 CPI 的计算中，或者没有被给予不断上升的权重，尽管它们在代表性家庭的支出中已经变得越来越重要。因此，当相对价格发生这样的变动时，真实生活费用的上升要慢于 CPI。

*无视新消费品的出现。*选择越多，人的状况就会越好，以阿马蒂亚·森为代表的经济学家格外强调选择权对个人福祉的重要意义。当一种新产品引入市场时，消费者的状况也会变好，因为消费者有了更多可以选择的产品。下面一则关于电影票房的例子就能说明这一点，此外，我们也能从中窥出物价上涨的一斑。我们知道，美国有关于电影票房的各种统计。表 2–2 给出的是网络上广为流传的、有记录以来电影“名义”票房的前 50 强。[①]票房纪录是由导演卡梅隆保持的，他的《阿凡达》和《泰坦尼克号》横扫全球，势如破竹。榜单中 10 名之后我们只给出了部分影片的数据，空缺的那些都被近几年大热的影片（比如《哈利波特》系列、《指环王》系列、《加勒比海盗》系列、《暮光之城》系列、《007》系列以及《蜘蛛侠》和《蝙蝠侠》系列等系列影片）占据。之所以说是“名义”的票房之王，是因为每一年的电影票价都不同，美元的购买力也不同。如果我们刨除物价上涨的因素之后，想了解每部电影的真正实力，一些经典的老片就开始纷纷上榜。其中公映于 1939 年的《乱世佳人》一飞冲天，将占据榜单头名的位置，而《星球大战》和《音乐之声》也将名列前茅。以《乱世佳人》为例，这部影片具备了票房之王的全部因素，此外，还有天时之利。那个时候不但电影很少，而且电视也刚出现，还远未普及。替代品如此之少，以至于一个人要想看电影，只能去影院。而今天，我们的休闲活动丰富多彩，就是看电影的话，各种题材和风格的影片琳琅满目，更主要的是，看电影不一定必须进影院，电脑、电视、影碟机等都是可选的方式。新消费品的不断涌现令我们的选择变得更多，但 CPI 却反映不出这种选择的变化。

表 2-2　全球电影名义票房排行榜 50 强

票房排名	电影名称	全球票房（美元）	上映年份
1	阿凡达	27.823 亿	2010
2	泰坦尼克号	18.432 亿	1997
3	哈利波特与死亡圣器（下）	13.281 亿	2011
4	变形金刚 3：月黑之时	11.232 亿	2011
5	指环王 3：王者归来	11.193 亿	2003
6	加勒比海盗 2：亡灵宝藏	10.662 亿	2006
7	玩具总动员 3	10.632 亿	2010
8	加勒比海盗 4：惊涛骇浪	10.439 亿	2011
9	爱丽丝梦游仙境	10.243 亿	2010
10	蝙蝠侠前传 2：黑暗骑士	10.019 亿	2008
14	狮子王	9.516 亿	1994
16	哈利波特与混血王子	9.344 亿	2009
20	侏罗纪公园	9.147 亿	1993
31	独立日	8.170 亿	1996
34	E.T. 外星人	7.929 亿	1982
47	阿甘正传	6.77	1994

资料来源：豆瓣网站。

无法衡量出商品质量的变动。在上面电影票房的例子中，我们注意到，榜单上的绝大部分位置都被近几年的大片占据，这当然不全是票价上涨的结果，影片质量的提高是另外一个重要的原因。现代电影有着更清晰的画面、更动听的音效、更吸引人的故事情节以及更刺激的特效，等等，这一切都得益于技术的进步。我们知道，价格和质量是商品的两个重要维度。购买商品的时候，消费者的目的不是买到最便宜的商品，也不是买到质量最好的商品，而是买到最合适（性价比最高）的商品。传统的经济分析，往往集中于商品的价格而忽视了质量。忽视质量对 CPI 的核算又会有什么样的影响呢？试想一下，如果商品的价格不变而质量提高，那么一块钱的价值就提高了，而只专注于价格变化的 CPI 却无法反映出因为质量提高而导致的生活水平的提高或者生活成本的下降。风靡世界市场的苹果手机 iphone，从一代到六代，上市之初的专卖店价格一直稳定在 5,000 元左右，但手机功能和质量却实现了巨大的飞跃。CPI 很难把这一变化反映出来。

CPI 核算存在的这三个问题，使得它常常会高估通货膨胀率。比如在中国，食品占 CPI 的比重较高，而前面介绍过，近几年食品价格的波动非常明显，进而导致 CPI 的波动也比较明显，对通货膨胀率的高估加大。随着生活水平的提高，中国居民家庭的恩格尔系数（食品支出占家庭总消费支出的比重）将不断下降，这要求我们也要不断降低食品在 CPI 核算中的权重，进而更准确地反映居民生活成本的变化。

CPI 与其他经济数据的关系

经济指标多种多样，有的指标之间关系密切，进而容易造成混乱。例如，我们已经知道，CPI 和 GDP 之间是不同的。CPI 反映消费价格的变化情况，是一个相对数；而 GDP 反映国民经济生产总量，是一个绝对数。CPI 的变动反映经济运行过程中的物价变动情况，是观察通货膨胀程度的重要指标；而 GDP 的变化则反映经济的增长情况。

但普通人极容易将 CPI 与 GDP 平减指数相混淆，因为这两者的作用非常接近，可实际上它们之间存在着一些细微的差别：首先，GDP 平减指数衡量生产出来的所有产品与服务的价格，而 CPI 只衡量消费者购买的产品与服务的价格。因此，企业或政府购买的产品价格的上涨将反映在 GDP 平减指数上，而不反映在 CPI 上。其次，GDP 平减指数只涉及国内生产的产品，进口商品并不是 GDP 的一部分，也不反映在 GDP 平减指数上，但只要该商品进入了普通大众的消费生活，在 CPI 核算时就会将它纳入其中。此外，在计算方法上，CPI 给不同产品的价格以固定的权数，而 GDP 平减指数给予变动的权数。而且，CPI 是用固定的一篮子产品来计算的，而 GDP 平减指数允许当 GDP 的组成成分变动时，一篮子产品随时间变动。

我们还知道，CPI 是一种最重要的价格指数，而通货膨胀的计算是以价格指数为基础的，于是，我们还需要清楚这二者之间的区别。通货膨胀是一种货币现象，指货币发行量超过流通中实际所需要的货币量而引起的货币贬值现象。通货膨胀最为直接的表现就是物价上涨。在实践中，一般不直接也不可能计算通货膨胀率，而是通过价格指数的增长率来间接表示。但通货膨胀既然是指由于货币发行过多而导致的价格普遍上涨，那么用以反映通货膨胀程度的价格指数从所包括的内容上也应既包括居民生活消费品又包括生产资料。但世界各国基本上都不计算这样的价格指数。由于消费价格是反映商品经过流通各环节形成的最终价格，它最全面地反映了商品流通对货币的需要量，因此，消费价格指数是最能全面、充分地反映通货膨胀率的价格指数。目前，世界各国基本上均采用居民消费价格指数，也就是 CPI 来反映通货膨胀的程度。虽然 CPI 是观察通货膨胀的重要指标，但并不是 CPI 涨得较快就意味着出现了通货膨胀。在不同的国家和地区，利用 CPI 判断通货膨胀的标准不同，也可以说是通货膨胀对 CPI 的容忍度不同，通常发达国家的容忍度要低些，发展中国家要高些。

几个问题

通过上面的介绍，我们对CPI的内容、作用已经有了大致的了解，作为普通的消费者，我们关注商品价格，也自然要关注CPI的大小。不过，关于CPI，还有几个公众特别关心的问题需要交代一下。

首先，CPI没有直接包括房价。原因如下：一是统计口径的问题。CPI的统计口径必须与国际上通行的国民经济核算体系中的消费分类相一致，以满足国民经济核算的需要，进而可以进行比较。国际上的惯例是，购买商品房属于投资行为，不属于消费行为，所以现行CPI不能直接反映商品房价格的变动。二是时期的问题。商品房购买与当期消费不同步，商品房购买是一种在短期内集中支付大量货币的行为，少则几十万，多则数百万，但所购商品房却用于今后十几年或者几十年的消费。当期的实际住房消费对应的只是整个住房价格的一部分（即折扣）。按照国际惯例，这部分住房的消费价格通常用住房的租金来代替，而不能将房地产价格纳入居民日常消费价格变动中。不过，尽管CPI没有把房价计算在内，但并不是说CPI和房价没有关系，因为CPI中的居住类价格主要包括房租、水电、购买商品贷款的利息、物业管理、房屋装修，这些都是居民所要支付的费用，这几方面的价格变动也同房地产价格有密切的相关性。

普通公众关心的第二个问题是，CPI数据与公众的感受不一致。一个原因是，CPI是一个平均的综合指标，而普通人则极容易为日常消费的某一种商品价格的剧烈变化所迷惑，例如猪肉、大蒜、生姜、大葱等等。另外，个人的消费结构与CPI篮子中各大类商品的权重不一致，普通居民关注更多的是“吃、穿、用、住、行”等与日常生活紧密相关的商品和服务项目，而居民消费价格调查的范围更加广泛，涵盖的商品及服务也更广泛，因此在加权计算时，既包括了上涨的品种，也包括了下跌的品种。如果居民用具体上涨的商品或服务项目的价格与公布的居民消费价格总水平相比，就会觉得 CPI 被低估了。除此之外，时期和区域的因素也会影响个人对物价的看法，从而形成与统计部门公布的 CPI 不一致的感觉。

不过，这并不是说，当公众的感受和 CPI 不一致时，就是我们的感觉出了问题。客观地讲，CPI 核算本身也有一些需要改进和完善的方面，但目前统计调查部门定期编制和发布的 CPI，基本上反映了全社会居民家庭购买的消费商品和服务项目价格总水平的变动情况。CPI 和人们的实际感受有出入，这与人们不了解 CPI 的具体编制过程、对比口径、对比基期差异和各自的收入水平不同等因素有直接关系。

第三章　贸　易

用什么方法能把普通的衣服变成飞机呢？在劳动时间一定且各种投入不变的情况下，我们所能生产（进而消费）的商品还有进一步增加的可能吗？在 2006 年以色列和巴勒斯坦的激烈冲突中，以色列经济受到的冲击非常小；而到了 2009 年西方国家出现金融危机的时候，它的经济也随之进入衰退。咫尺之遥的战争对经济的破坏性竟不及远在天边的经济危机，这又是什么原因呢？

上述问题都有一个共同的答案：交易或贸易（trade）。

世界是平的。受益于科技的进步，运输成本不断下降，通信技术日益提高，各国之间的贸易也变得越来越容易了。即便是对普通大众而言，也常常会在不经意间就消费了“洋货”或者“进口货”。中国在改革开放的三十多年间变成了“世界的工厂”，国外的商场里摆满了“中国制造”的商品。实际上，对外贸易也恰恰是中国近年来经济增长的重要原因——这一点已经是整个社会的共识，放眼全球，你也很难找到一个国家是在封闭条件下发展、强大起来的。

贸易的发展和现状

经济学中的理论有的着眼于个体决策，有的关注两人贸易，还有的关乎整体经济运行。在一人的“鲁滨逊世界”中，经济内容要相对简单一些，只有生产和消费行为；一旦出现两人世界，就会有贸易发生，增加了交换和分配的内容；而在三人（或多人）的世界中，一个完整的社会雏形就出现了，经济活动的内容就更丰富、更复杂，例如其中会涉及公共选择的问题。我们这里只关注交易或者贸易的问题。

贸易与人类社会的经济、文明是一道发展起来的。以中国为例，海外贸易的历史可追溯到秦、汉以前。汉代开始的“丝绸之路”成为古代海外贸易的典范，当时的中国已经同印度支那半岛、马来半岛的一些国家建立了直接贸易联系。到了隋、唐时期，中国商船的远航延伸至波斯湾。明代郑和七次出使“西洋”，船队遍及北印度洋及其沿岸，并远至东非海岸，为古代官方贸易的顶峰。但到了明中叶以后，类似的海外贸易因“海禁”而逐渐衰落。

与海外贸易一同发展起来的是贸易港口。中国古代主要贸易港口，像广州、泉州、杭州和宁波等，其繁华程度盛极一时。出口商品主要有丝绸、瓷器、茶叶、金银器皿等，进口多为香料、药材、毛织品、棉织品等。

国际贸易活跃的同时，和平时期的国内贸易也非常繁荣，有学者统计，仅在西汉末年（公元元年左右），全国有大小城镇 37,844 个，其中乡村集市约 36,114 个，而西方即便是到了 1,000 多年之后的罗马帝国，城镇数量也不过 3,000 个左右，人口、集市与城镇规模与古代中国完全不在同一个档次上——而这些恰是一国贸易活跃、经济繁荣的重要标志。①

20 世纪 80 年代，随着中国改革开放的进行，关闭已久的国门又重新向世界打开了。经济学上，反映一国贸易开放程度的主要指标是贸易开放度（Trade Openness），它衡量了一国某年进、出口贸易总额占该国当年 GDP 的比重。

从图 3-1 中有关 GDP 和货物进、出口的关系可以看出，80 年代以来，随着经济的快速增长，贸易额也保持了迅速增长的势头。2007 年金融危机的出现使进出口贸易受到影响，特别是对货物出口的影响更大。结合图 3-2 我们发现，中国的货物贸易一直处于顺差的状态，贸易总额占 GDP 的比重在 2000 年之前保持在 30% 的水平，之后迅速增加到 40%、50%，并于2006年达到最高的65%。这个比值在近几年开始出现了下降的趋势，2011年为43%。实际上，从2007年金融危机以来，由于西方国家的经济受到严重的冲击，各国为了缓解国内的经济状况，出台了一系列限制贸易的措施，贸易保护主义重新抬头，中国在这种背景下出现出口下降也在意料之中。未来随着劳动力成本的上涨，一段时期内货物出口的减少几乎是必然的，这给中国未来的经济增长提出了一个难题，即如何拉动内需以弥补外需的不足或下滑。

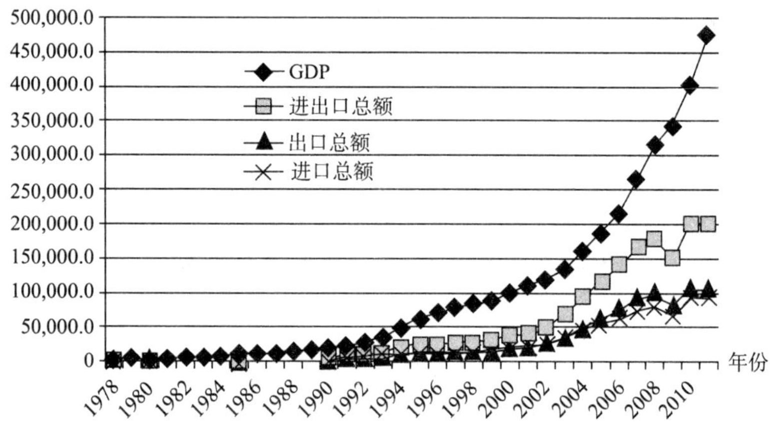

图 3-1 中国的 GDP 与货物进、出口总额（1978—2011，单位：亿元）

资料来源：中华人民共和国国家统计局网站。

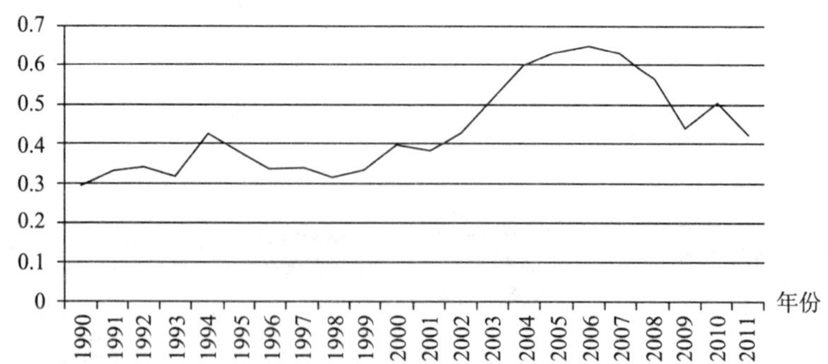

图 3-2 中国的货物进出口总额占 GDP 的比重（1990—2011）

资料来源:中华人民共和国国家统计局网站。

贸易的作用

互通有无

早期贸易的一个重要的特征，是用自己所拥有的商品来换取自己没有的商品，我们在乡村集市和国家间的贸易往来中都能观察到这种“互通有无”的贸易形式。

在自给自足的经济中，基本的生活必需品能够自己生产。随着生产力的不断提高，商品慢慢丰富起来了，加上人的多样化需求特性，交易（或者贸易）的能力和意愿不断加强，主、客观条件也不断成熟，交易开始出现，实体的市场雏形也在早期的祭祀场所周边出现。[②]但早期物物交易的条件过于苛刻，不仅要求双方的商品互为所需，而且，他们还必须在同一时间出现在同一地点就交易条件（或交换价格）进行协商并达成一致，而货币的出现大大降低了交易的成本，交易和市场迅速发展起来。

与个人交易相比，国家间的贸易（或交易）活动，有的是政府间出于政治的目的，相互赠予礼物，但更多的是民间贸易的往来。例如前面提到的“丝绸之路”，商队把中国的商品带到海外出售，回来的时候再带回我们需要的香料、纺织品等。从交易的内容上看，相当一部分商品是我们不生产的，或者在国内很难找到类似替代品的。

促进分工

同我们以往对分工与交易的关系的看法不同，现代经济学鼻祖亚当·斯密在《国富论》中认为，交换是分工的目的（或原因）而非结果。也就是说，专业化生产的目的是为了交换，以使自己过上比自给自足经济更好的生活。这是对交易或者交换的看法的一次重要飞跃，我们下面就来详细介绍一下。

为了探究国家富裕的原因，斯密对现实的生产方式进行了考察，在著名的“扣针厂”的例子中，他发现，与传统的生产方式（没有分工）相比，现代化的生产会将扣针的整个生产工序分成十八道：抽铁线、拉直、切截、削尖、打磨……一个人负责一道或者几道。这样算下来，现代工厂中，每位工人的产量是传统方式的二百多倍。生产效率上的巨大差异促使他思考国家的贫困与富裕之谜，他找到的答案是分工或专业化。③

不过，这种分工和专业化的生产方式绝不是武断、刻意地将生产过程分成几个步骤，然后让专人负责，而是由经济自动演化和催生出来的，这种观点与影响斯密的苏格兰启蒙思想有关。试想一下，如果任意地分工都能够提高生产效率的话，那日常生产中，每道工序都会被无限地细化，分工的边界（或者程度）在哪里呢？斯密认为，是“市场的规模决定了分工的程度”。也就是说，生产者所面临的市场是最重要的决定因素。

举个例子。在农村生活的时候，我曾经认识一位老木匠，手艺精湛，远近闻名。在刚刚改革开放的年代，他的主要身份是一位农民，主要的工作自然也是田间劳作。在农闲之余，如果自己家或者有亲朋好友、邻里乡亲修葺房屋，他就帮忙做一些门窗或座椅板凳之类的家具。仅仅靠木匠活儿没法养家，这只是一种简单的副业或者帮工，目的多是出于生活上的互助，而不是经济利益。后来老木匠有了两个徒弟。这两个徒弟可不想像他们的师父那样只把木匠活儿当成一个副业，眼光也没有仅仅局限在本村。两个人眼中的市场是整个乡、县甚至省。学了两年手艺，在改革开放的春风吹到农村之际，他们合伙在乡里开了一家小的木器厂，两个人在生产中分工明确、各展所长，一开始是为附近几个村子的人家做家具，后来市场扩大到整个县城，工厂也越做越大，搬到了城里，人手在增加，工厂内部的分工也越来越明显，专业化程度加深，要不然产品供不应求。一个人造不出船没问题，两个人（或者多个人）一块能造出来就行；况且，木匠活已经开始机械化或者自动化了，有电锯、电刨这样的现代化工具设备，手艺不精也不是大问题了，最重要的是市场，即交换的需要。

虽然斯密看到了导致分工的一个重要原因，但是在解释国与国之间的贸易往来时，他却犯了一个错误。斯密之前流行的是一种叫作“重商主义”

的观点，认为只有金银才代表财富，贸易是一种“零和博弈”，进而主张“多出口，少进口，甚至是不进口”。斯密在《国富论》中批判了这种错误的观点，用“绝对成本理论”来解释贸易，遗憾的是，这种观点看来也不正确。“绝对成本理论”认为，就一种商品而言，哪国的生产成本绝对地低，就由它来生产。例如，同样生产 1 单位呢绒和 1 单位酒的话，英国所需的工时分别是 100 和 120，而葡萄牙的是 110 和 80，那么英国就应该专门生产呢绒而葡萄牙专门生产酒，双方按照一定的比率交换后，状况都会变好（产量提高或者节约成本）。说斯密犯了错误是因为，如果一国生产两种商品的成本都高于另一国的话，两国就没有进一步贸易的可能了——这显然与事实不符，于是就有了后来的“比较优势理论”。

比较优势理论

英国古典经济学家大卫·李嘉图深受斯密的影响，他看到了后者贸易观点上的错误，提出了“比较优势理论”。“尺有所短、寸有所长”，即便我们生产所有的产品的成本都比别国绝对地低，也不代表我们什么都应该自己生产，而是应从其中选择相对成本最低的那种商品来生产；反之，如果我们生产所有产品的成本都比别国绝对地高，也不意味着在国际贸易的舞台上就没有我们的地位。

举个例子。张三和李四漂流到荒岛之上，为了生存，必须寻找“衣服”和“食品”这两种商品。他们可以自给自足，也可以生产然后再交换。假设张三把全部时间都用来生产一种商品的话，正常情况下每月可分别生产 20 单位的食品或 20 单位的衣服；而相应地，李四每月的产量为 30 单位的食品或 60 单位的衣服。如果按照斯密的观点，李四生产什么都比张三有效率（成本更低），因此这两人之间不存在交易。在自给自足的情况下，每个人只能消费自己所生产的商品，假设张三生产并消费两种商品的数量是 8 单位和 12 单位，李四是 9 单位的食品和 42 的单位的衣服。两个人都像平时那样生产，没有偷懒，也不用起早贪黑。

在技术和劳动时间不变的情况下，有没有什么方法能够让两个人的生活变得更好呢？乍一看二者的生产情况，我们立刻发现，李四在两种商品的生产上都比张三更有效率或者优势，他怎么会同意和张三进行交换呢？但答案是，会的。例如，张三向李四提议，“我们两个别什么都生产了，以后我专门生产食品，你专门生产衣服，然后我用 10 单位的食品换你 15 单位的衣服，这样我们两个都会变好”。这种说法对吗？也就是说，李四会接受这个提议吗？我们看，如果张三和李四分别专业化地生产食品和衣服的话，产量分别是 20 和 60，按照 10 ∶ 15 的条件交换然后再消费，张三的消费组合是（10,15），李四的消费组合是（10,45）。同之前自给自足条件下的消费情况相比，两个人在两种商品上的消费都有所增加，的确是变得更好了，所以，李四没有理由拒绝张三的这个提议，详情见下表 3–1。

表 3–1　自给自足经济下的生产和消费

		张三		李四	
		食品	衣服	食品	衣服
生产可能性 （只生产一种产品的最大产量）		20	20	30	60
自给自足下	生产	8	12	9	42
	消费	8	12	9	42

我们看到，在交易之后，食品方面，张三和李四的消费各增加 2 单位和 1 单位，衣服方面各增加 3 单位。接下来我们有两个问题要问：首先，能使双方都变好的交易条件是唯一的吗，也就是说，除了 10 ∶ 15 之外，有没有其他的条件也能使双方都变好？另外，如果将双方分工的角色调换一下（比如，让张三专门生产衣服而李四专门生产食品）然后再交换，双

方是不是仍然都会变好呢?

表 3-2 分工和交换后的生产和消费

		张三		李四	
		食品	衣服	食品	衣服
自给自足的经济	生产	8	12	9	42
	消费	8	12	9	42
存在分工和交易的经济	生产	20	0	0	60
	消费	10	15	10	45
交易带来的好处		10-8=2	15-12=3	10-9=1	45-42=3

先来回答第一个问题，交易条件是不是唯一的。答案是否定的。实际上，我们很容易看出，10 ∶ 16 和 9 ∶ 15 这样两个交易条件也都能让双方变好。因此，能让双方都比自给自足好的交易条件有很多个，不同的是，每种条件下，两人获得的好处存在差别，张三显然倾向于用一定量的食品能换更多的衣服，而李四则反之。具体使用哪个交易条件，就要看双方的议价或者砍价能力了。但只要有一方的利益受损，交易就会被否决，无从发生。

第二个问题，二者颠倒一下分工的位置，交易还能让双方变好吗?不会的!上面张三的提议看似随意，但却符合一条经济学的基本定理——比较优势理论。该理论是基于相对成本或者机会成本的，机会成本是经济学中的一个重要概念，意指稀缺资源用于一种用途后所必须放弃的其他用途所能带来的最大收益，这就是说，经济学家和会计师不同，是从放弃的收益来观察成本的。比如，上大学的经济成本或者机会成本就绝不仅仅是学费了，显然还包括四年的时间用于其他途径所能带来的最大收益。当然，如果资源只有一种用途，无论买的时候花多少钱，其成本都为零。这样，当一个生产者以低于另一个生产者的机会成本或者相对成本来生产一种商品时，我们就说该生产者在生产该商品是具有比较优势。根据上面的条件，我们发现，张三生产 1 单位食品所消耗的工时或者成本是 1 单位的衣服，而生产 1 单位衣服的成本也是 1 单位的食品；李四生产 1 单位食品所耗费的成本是 2 单位的衣服，生产 1 单位衣服的成本是 1/2 单位的食品。因此，就食品的生产而言，张三的成本要低一些，而衣服则是李四要低一些。因此，张三的分工提议显然符合两个人的比较优势。

比较优势理论告诉我们，即便一个人在所有生产活动中都具有绝对优势，他也不应该什么都自己生产；反之，即便自己什么都不如人家，也不代表在社会中没有立足之地。一个人的优势和长处在于同他人的比较，不是孤立的。什么都擅长，也要选相对最擅长的来生产；什么都不擅长，也能有相对擅长一点的。

泰格·伍兹应该来自己修剪房前的草坪吗？科比·布莱恩特该自己打扫房间吗？[④]伍兹作为最天才的高尔夫球手，对草地最为熟悉不过了，他对草地坡度等的判断也要比一般人更为准确，极有可能的结果是，他修的草坪也更整齐、平坦。布莱恩特是当今 NBA 最伟大的球员之一，速度、力量、弹跳也高于常人，打扫房间的话，也可能比我们干得又快又干净，我们擦一会儿地板可能就累得不行，他有充分的体力做保障；屋子的天棚上有灰，我们可能要站梯子、搬桌子，而他只需要轻轻一跃……所以，伍兹不自己修剪草坪绝不是因为他不会修剪，布莱恩特不自己打扫房间，也绝不是因为他打扫得不干净，仅仅是因为，和我们一般人相比，他们更擅长的是打高尔夫球和打篮球，所以，才会雇人帮他们做家务。

应该说，自从李嘉图提出比较优势理论以来，人们对交易和贸易的观点有了极大的飞跃。

比较优势的决定因素

如果现代贸易或交易的一个主要原因是比较优势的话，那么，一个国家或者企业的比较优势又从何而来呢?

早期的斯密和李嘉图都认为，各国的技术和资源不同，进而生产率也有差异。到了现代，一些经济学家通过构建更加深入、细致的理论，道出了比较优势产生的真正原因——要素禀赋，也就是各国天然拥有的各种要素的数量。该理论以两位经济学家的名字命名，被称为赫克歇尔—俄林模型。⑤

我们知道，每种产品的生产往往需要投入多种要素（例如劳动、土地、资本、企业家才能等等），所需要素的比率不同，经济学上就叫作使用的技术或工艺不同，也就是说，有很多种技术都能够生产出同样一种产品，而现实中到底选择哪一种技术，这就同该国每种要素的相对丰裕程度（要素禀赋）有关了。

以表 3–3 为例，就资本—劳动比率来讲，中国是 1/9，而美国是 2/1。于是，我们可以说，中国是一个劳动力比较丰裕的国家，而美国是资本丰裕的国家。实际上，中国的劳动年龄人口近年来已经高达 9 亿多，而美国还不到 2 亿。因此，长期以来，与欧美发达国家相比，中国的劳动力数量非常丰富，这得益于巨大的人口总量。

要素的丰裕程度决定了要素的相对价格。一般来说，就某种要素而言，其相对成本在比较丰裕的国家里往往会更低一些，而在相对稀缺的国家要高一些，这就是所谓的“物以稀为贵”。而且企业的目的在于谋求最大的利润，其生产行为要受到价格机制的引导。根据表 3–3 中的数据，中国的企业大量使用劳动力而少使用资本就会有更低的机会成本，美国的企业则相反，应该多使用资本而少使用劳动力。

表 3–3　一个要素丰裕程度的例子

	中国	美国
劳动力	90	15
资本	10	30

赫克歇尔—俄林模型的核心思想就是，一国的比较优势源于其要素禀赋。一旦我们清楚了一个国家每种资源的自然条件之后，也就能清楚该国在贸易舞台上的角色了：出口什么产品，进口什么产品。

以中国为例，地大物博人更多，很多资源虽然储量丰富，但人均下来，就所剩无几了。劳动力资源丰裕这一要素禀赋决定了，在与西方国家的贸易中，生产劳动密集型产品具有比较优势。改革开放以来，各种要素价格逐渐由市场决定，以劳动密集型为特色的中小企业开始生机勃勃地发展起来，而这些企业大多都面向海外市场，生产服装、玩具、电子元件等劳动密集型产品，这也是中国经济维持三十多年高增长的重要原因。当然，按要素禀赋决定的比较优势来发展经济也是整个东亚经济体创造“东亚奇迹”的主要原因。与之对应，东北老工业基地虽然是共和国的长子，得到了国家的大量投资，但建立的往往都是资本密集型的工业和重工业，违背了要素禀赋决定的比较优势，所以在国际市场上难有竞争力。

比较优势之后

比较优势理论是一把钥匙，为我们理解现代贸易打开了大门。不过，在现代贸易中，还有相当一部分贸易是该理论所无法解释的。比如，按照这一理论，一个国家会专业化地生产并出口具有比较优势的产品，进口那些没有比较优势的产品。可在现实中，中国既出口汽车也进口汽车，既出口粮食、服装、食品、电子产品等等，也同样进口它们。如何来解读这种情况呢？此外，怎么解释一国出口的某种产品常常都来自同一地区？

回答第一个问题要理解一个概念，即产业内贸易，也就是同一产业内部进行的国际贸易。对于那些贸易开放度比较高，国外直接投资比较多的国家来说，这种类型的贸易比重会非常高。以美国和加拿大之间的贸易为例，美国出口的前五大类商品中的三类和进口前五大类商品中的两类都和汽车及相关配件有关。

与比较优势理论中生产成本固定不变不同，产业内贸易形成的主要原因在于生产中的规模经济，即随着生产的不断扩张，平均成本不断下降。市场也呈现出非竞争的一面，变成了垄断竞争市场。行业进出自由，每家企业都提供有差别的产品——既各具特色，又有很强的替代性。这种贸易形式不仅能为我们带来更多优质廉价的商品，还能让消费者有更多的选择，而不为国内或者地区内的市场所限制。晚上散步的时候，看看自家小区旁边停的车，就能明白产业内贸易给消费者带来的好处。

再来回答第二个问题。技术外溢、人才集聚以及供应网络的形成，是企业聚集在某一地区的重要原因。行业内的企业之间互相学习，取长补短，并能将大量的专业人才吸引过来。中国的一些高新园区内聚集着很多IT企业，不仅客户联系它们比较方便，企业在招聘的时候也容易得多，需要什么人，只要贴出招聘广告，很快就有人应聘。此外，园区内还有大量的配套服务，这些都为产业聚集提供了便利。例如，中国的民营运动鞋企业大多集中在南方的少数几个地区，从最初为国外名牌运动鞋代工开始，学习了技术后就创建自己的品牌。经济学家克鲁格曼认为，规模经济和成本因素使得某一地区一旦获得领先，形成产业和贸易集群，便很难被赶上。

结论

自愿交易的好处往往为人熟知，难怪有经济学家会说，要想帮助他人，交易（贸易）比行善更有效！不过，日常生活中的贸易常常会受到各种各样的约束。历史上，很多国家都曾经采取过不同形式的贸易限制政策，鼓励出口、限制进口，常见的如关税和配额，这些政策即便在今天也没有消失。公平、自愿的交易是双赢的，贸易难道不是吗？

贸易也是，但由于贸易常常发生在不同经济体之间，又因为这些经济体有很多不同利益的群体，所以，总体上双赢的贸易对某个特定的利益集团来说可能就不是了。现代经济学认为，对一个小国而言，贸易总能让一国福利提高。但成为出口国会对生产者有利而使消费者受损（因为国内的商品价格会提高）；与之相反，成为进口国会对消费者有利而对生产者有害。所以，贸易政策往往是一国内不同利益集团相互博弈的结果，或者，只是反映了某个集团的特殊利益。一些曾经流行一时的贸易保护政策，例如国家安全论、幼稚产业保护论、工作岗位论等，现在都被证明是个别利益群体谋求自身利益的借口，在经济上缺乏合理性。而这种认识，在全球经济尚未走出低谷且贸易保护主义抬头的今天，格外值得我们牢记！

第四章　经济增长

了解了GDP这个基本的宏观经济概念之后，我们就来看看它的一个主要功能——对经济增长和经济波动的度量。前面介绍过，从人均GDP的角度来看，中国在1300年左右达到了600美元的水平，为当时世界上最富裕的国家之一，远高于同时期的欧洲。其后大约在1500年左右，被英国超越，到了1700年的时候，已经开始落后于世界的平均水平了。

为什么有的国家富裕而有的贫困？为什么有的国家增长迅速而有的则停滞不前？那些今天富裕的国家，历史上就一直如此吗？世界各国的差距是越来越大，还是趋于大同？经济波动有明显的周期性特征吗？可以预测吗？诸如此类的问题都与GDP的变化有关。一般来说，我们把GDP的长期变动趋势叫作经济增长，而短期的波动叫作经济周期。

经济增长问题是经济学中既年轻又古老的一个话题。在18世纪下半叶，现代经济学鼻祖亚当·斯密放眼世界，不仅看到了先进之邦葡萄牙和蒸蒸日上的不列颠，还有过去曾辉煌一时但当时却停滞不前的两个东方巨人——中国和印度。写就《国富论》的初衷，就是要探求国家兴衰的奥秘。在他看来，分工和专业化是国家富裕的关键，但分工和专业化受市场规模的限制。19世纪末的英国伟大经济学家马歇尔也感慨，探求经济增长“是经济学最迷人的领域所在”。在他们的基础上，一大批经济学家投身于增长问题，从结论上看，有的乐观，有的悲观。到了20世纪，还先后涌现出三次研究增长问题的高峰。诚如经济学家、诺贝尔经济学奖得主罗伯特·卢卡斯所言，“此类问题所包含的关于人类福利的影响简直令人惊讶：一旦一个人开始思考经济增长问题，他就不会再考虑任何其他问题了”。有鉴于此，本章将重点介绍经济增长问题。

特别说明一下，宏观经济变量是有时间属性的，一般分为两种：存量和流量。前者立足于某一特定时点（如失业），后者依据特定的时段而测算（比如 GDP）。常有经济学家用蓄水池的例子来说明这两类变量，不断流入和流出水池的那部分就是流量，而水池中存储的那部分是存量。

经济增长的事实

我们可以从时点和时段来对经济增长的事实进行考察。试想一下，伦敦奥运会的入场式不是按国家的字母排序，而是依国民平均身高的大小，矮个在前，高个在后，匀速入场，并要求全世界约 63 亿人口用一小时的时间全部通过主席台。所以，人口越多的国家，通过主席台所花的时间就越长。各国队员的身高代表这个国家的人均收入水平（即身高是人均收入的一个比率）。这种情况下，假设各支代表队在一起的平均身高为 1.82 米，走在队伍最前面的是撒哈拉以南的非洲国家，平均身高 29 厘米，通过主席台的时间是 6 分钟；印度第 11 分钟开始接受检阅，平均身高 73 厘米，用时 11 分钟；大约在第 30 分钟的时候，中国代表队走过主席台，平均身高 126 厘米，用时 13 分钟；第 50 分钟通过的国家是希腊；第 53 分钟是日本，身高 2.73 米；最后 3 分钟是美国（身高为 7.76 米）以及阿联酋和卢森堡，但后两个国家总共用时不到 1 秒。①

这个例子生动地说明了，眼下世界各国在人均实际 GDP 方面存在显著的差异。现在的问题是，世界各国的经济差异是如何出现的？按照学者克莱默（Kremer）的说法，②这种经济差异不是自古就这么显著的，实际上，在人类历史的大部分时间里，既没有明显的技术进步，也不存在高速的经济增长，各国之间的经济差距也非常小。麦迪逊曾经把公元元年到 1998 年这段期间划分为三个阶段：在第一阶段（1—1000 年），世界主要地区的 GDP 年度复合增长率平均只有 0.01，增长最快的是日本（0.1）、非洲（0.07）和拉美国家（0.07），最慢的是欧洲（-0.01）。在第二阶段（1000—1820 年），GDP 的年度复合增长率上升到 0.22。其中，处于增长第一集团的西欧和日本等国家，平均增长率超过了 0.3，而第二集团的亚、非、拉国家还不到 0.2。落后国家开始逐渐地被甩开。到了第三阶段（1820—1998 年），世界平均的 GDP 复合增长率为 1.21。其中，第一集团国家为 1.67，第二集团为 0.95。也就是说，在 500 年之前，世界各国的经济增长缓慢，差距也很小，明显的贫富分化是在 16 世纪之后出现的。③

中国的情况是怎样的呢？麦迪逊在同样那份对世界经济的千年统计中估计出，在公元 1—1000 年左右的这段时间里，中国经济的 GDP 年均复合增长率为 0.01，其后，1000—1500 年为 0.15，1500—1820 年是 0.32，1820—1870 年为 0.93，1870—1913 年是 2.11，1913—1950 年是 1.82，1950—1973 年是 4.90，最后，1973—2001 年为 3.05。

新中国成立后，我们以 1978 年为界，1952—1978 年这段期间内，波动较为频繁，增长率也显得极不稳定，特别是 1960—1962 年间，经济增长呈现出一个骇人的裂口或刀锋，深深地插在那里。“文化大革命”初期，增长率也有明显下降（甚至为负），总体经济在个别年份甚至出现倒退。70 年代末以来，中国经济开始了 30 多年的高增长，经济增长逐渐趋于平稳，创造了所谓的“中国的增长奇迹”。根据《中国统计年鉴》提供的数据，在 1980—2010 年的 30 年间，总量 GDP 年增长率平均为 10.36%，人均 GDP 年增长率平均为 9.15%（见图 4-1）。高速的经济增长是生活水平提高的关键，这是我们每一个人都切身感受到的。

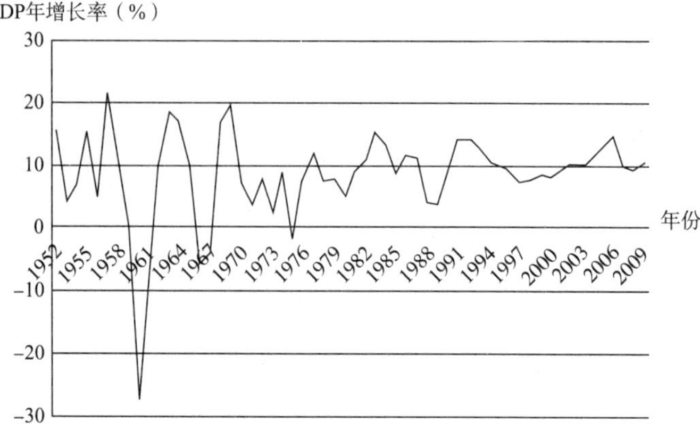

图 4–1 新中国的经济增长

资料来源：国家统计局，《中国统计年鉴：2011》，中国统计出版社，2011年版。

从这些数据中，我们能看到哪些关于经济增长的真实特征呢？20 世纪 60 年代，著名经济学家卡尔多（Kaldor）总结出了几条“典型化”事实，用以反映经济运行的真实特征。这组具有代表性的事实被称为“卡尔多典型化事实”，内容有：（1）人均实际产出在较长的时间内以连续不变的速度增长；（2）人均资本存量持续增长；（3）以名义利率扣除通货膨胀率而得到的实际利率大体上稳定不变；（4）资本—产出比率大体上稳定不变；（5）各种生产要素的收入在国民收入中所占的分配份额大体上稳定不变；（6）人均产出增长率在不同国家间具有很大差别。[④]后来，库兹涅兹在 70 年代又谈到了城市化、对外贸易以及政府在现代经济增长中的重要性。现代学者中，诸如罗伯特·巴罗（Barro）和阿西莫格鲁（Acemoglu）都承认如下增长事实：穷国和富国的差距非常大；增长差距是在很久以前就形成的；除了个别例外，穷国和富国的圈子比较稳定；富国之间出现了差距变小的趋势（经济收敛）；最后，人均收入非常重要，并且和投资正相关。

什么是经济增长

所谓经济增长就是指生活水平的改善和提高。经济学家常常把经济增长分为传统增长和现代增长。前者指主要靠增加劳动力、土地等生产要素来驱动的增长。在人类漫长的历史长河中，这曾经是主要的增长模式，经济发展微弱、缓慢、波澜不惊。而现代经济增长说的是出现在最近300年左右的时间里以技术进步为特征的增长，波澜壮阔，激动人心。所以，经济学家所研究的大都是现代的经济增长。

在学术界，对经济增长的理解并不完全一致。"GDP核算之父"库兹涅茨曾给经济增长下了这样一个定义："一个国家的经济增长，可以定义为给居民提供种类日益繁多的经济产品的能力长期增长，这种不断增长的能力是建立在先进技术以及所需要的制度和思想意识之相应调整的基础上的。"而美国经济学家保罗·萨缪尔森则认为，经济增长代表的是一国潜在的GDP或国民产出的增加。也可以说，当一国生产能力增加时，就是实现了经济增长。

度量经济增长速度快慢的指标就是经济增长率，即前后两期收入之差再除以前一期收入，得出增长的分百比。收入的核算通常依靠GDP、GNP等统计数据。有一个叫作"70法则"的简单方法能让你对增长率有一个更直观的了解。这个法则是说，用70（实为70%）来除以该年的增长率，得到的结果就是收入翻一番所需要的时间。例如，如果年增长率是1%的话，则收入翻一番所需要的时间就是70年；增长率是2%，收入翻番需要的时间则为35年。[⑤]中国共产党在《十八大报告》中明确提出了"确保到2020年全面建成小康社会，实现国内生产总值和城乡居民人均收入比2010年翻一番"的目标。按照上述规则，这要求中国经济在这十年间的增长率要稳定在7%的水平，从现实情况来看，这一目标既具有可行性，也充满了挑战。

常有学者从不同的角度将经济增长的方式分成粗放型和集约型这两类。[⑥]粗放型经济增长方式是指主要依靠增加资金、资源的投入来增加产品的数量从而推动经济增长的方式。集约型经济增长方式则是主要依靠技术进步和劳动者素质的提高来增加产品的数量和提高产品的质量进而推动经济增长的方式。具体而言，集约型经济增长方式是指在生产规模不变的基础上，通过采用新技术、新工艺，改进机器设备，加大科技含量的方式来增加产量；以这种方式实现经济增长，消耗较低，成本较低，产品质量能不断提高，经济效益较高。中国当前经济面临的一项重要任务就是增长方式的转变，从粗放型转向集约型。这种转变是渐进的，绝不是刻意为之的结果。从现有的经济理论来说，企业对技术的选择同由要素禀赋决定的比较优势有关系，这也解释了为什么在过去一段时间里，中国有竞争力的企业常常都是劳动密集型的。而随着经济增长和资本积累，特别是各种要素价格（尤其是劳动力的价格）上涨到一定程度之后，企业出于赢利的考虑，自然会开始使用技术密集型的生产方式，进而开始经济结构的转型。这种转型是一个渐进的过程，各地区和城市受其所处环境、市场条件、技术发展水平以及就业状况等因素的制约，经济增长方式可能存在很大差异，增长方式的转变也不会步调一致。

经济增长的原因

俗话说，天上不会掉馅饼，凡事要有投入，才会有产出，经济增长也一样。正因为如此，几乎所有的增长都可以通过生产函数来追溯其根源。生产函数的一般形式如下：

$$Y = f(K, L, H, T, Re, Tr, I, De, \cdots)$$

其中，Y 代表产量，等式右侧的函数中我们把一些常见的影响因素以自变量的形式放在括号中，K 代表物资资本，L 代表劳动，H 代表人力资本，T 代表技术，Re 代表自然资源，Tr 代表开放度，I 代表制度，De 代表民主程度。当然，从目前的情况来看，影响因素远不止于此，还有很多学者从地理位置、气候乃至文化等方面来研究增长问题。影响因素之多，说明了问题的复杂性。我们下面仅介绍那些被大量的实证研究所证实的因素。注意，迄今为止，经济学的研究结果是，如果一个国家出现了经济增长，其原因常常无外乎函数中所包含的那些因素，但是，具备了上述条件的国家，不见得一定会出现增长，也就是说，这些因素不是经济增长的充分条件，有的可能连必要条件都算不上。下面我们就来逐一介绍。

物质资本

资本是可用于生产的生产要素，其本身也是某一生产过程的产品。经济学中，我们又把用以延伸人类的劳动能力或者为人类服务的工具叫作资本。[⑦]人们一般把资本分为物质资本与人力资本。物质资本又称有形资本，是指设备、机器、厂房等的存量。人力资本又称无形资本，是体现在劳动者身上的投资，如劳动者的文化技术水平、健康状况等。这里介绍的是物质资本；当代学者在探讨增长问题时，常常把人力资本作为单独一个要素来研究，以强调它在增长中的重要性。

经济增长中必有资本的增加。斯密就曾注意到资本的增加是国民财富增加的源泉，不过古典经济学家受时代所限，主要关注的还是劳动和土地，资本倒在其次。与之相反，现代经济学家则认为，经济增长中的一般规律是，资本的增加要大于人口的增加，即人均资本是增加的，从而每个劳动力所拥有的资本量（资本—劳动比率）是增加的。只有人均资本量增加了，才会有人均产量的提高。

在经济理论中，早期的“哈罗德—多马模型”认为，GDP与资本存量之间存在固定的比率，因此，保持高额的投资至关重要；刘易斯也承认，经济发展的核心问题是资本积累问题，因为劳动的供给是“无限的”。由于增长和投资之间有着简单的固定关系，进而增长目标就可以换算成投资率。投资源于储蓄，如果国内的储蓄不足，就需要吸引国外的资本，从而达到目标增长率。[⑧]后来的罗斯托也有过类似的论述。实证研究方面，经济学家也发现，在人均GDP和人均资本之间确实存在着显著的相关性。[⑨]

例如，在20世纪的下半叶，全球经济增长的亮点出现在东亚。从60年代起，先是日本，接着是“四小龙”（以及最近的中国、印度和越南），这些经济体维持了近30年的高增长，有的国家还步入了发达国家的行列。

在剖析“亚洲奇迹”特别是“东亚奇迹”时，人们发现这一地区的高储蓄率和高投资率是推动经济迅速增长的重要动力。

在哈罗德—多马模型提出后的五六十年代，以诺贝尔经济学奖得主索洛为首的经济学家又发展出了“新古典增长理论”，该理论认为，长期经济增长的关键不在于资本，而在于技术进步，而后来一批经济学家在此基础上进行增长核算的研究也证实了技术的重要性，这样，以资本积累为中心的理论慢慢地就被经济学家所放弃，取而代之的是强调制度、贸易、技术以及教育等因素的理论。不是说资本不重要了，只不过经济学家认识到了经济增长的复杂性，也正是这种复杂性，使得人类直到今天也难以随心所欲地驾驭社会、操纵增长。认为社会是可以像机器一样被任意分解、组织的“工程学”想法，一次又一次地被证明是出于人类“致命的自负”，使社会一步一步地走向“通往奴役之路”，进而造成不可估量的灾难。[10]

人口或劳动力

我们曾经说过，在人类历史的大部分时间里，人口都曾经是经济增长乃至技术进步的积极因素。在靠偶然性和好奇心来推动的传统技术变革中，人口越多，涌现出天才发明家的概率越大，进而技术进步就可能更快一些。实际上，有证据表明，在人迹罕至的岛国，由于人口越来越少，甚至还出现过技术退步的罕见场景。[11]

18 世纪末，英国牧师、经济学家（也是第一位政治经济学教授）马尔萨斯（Malthus）出版了著名的《人口原理》一书，对以往的人口发展规律进行了阐述，成为迄今为止最著名的人口理论之一。马尔萨斯的人口理论有两个重要前提：食物为人类生存所必需，两性间的情欲是必然的，而且几乎会维持现状。由于土地数量有限，加之“边际产量递减”，粮食只能呈代数级数增长，而人口是呈几何级数增长的，所以人口必然会超过粮食，饥荒不可避免。马尔萨斯的人口理论像是一条生物学规律。他还提出了抑制人口增长的两种方法：积极抑制和预防抑制。前者是利用提高人口死亡率的办法来使人口和生活资料之间保持平衡；而后者则是让人们通过各种主观努力，在道德上限制生殖的本能，降低出生率，这也是人与其他生命体的本质区别。在以往的历史中，经济增长常常表现为人口的增加，因此，马尔萨斯的这套人口理论首次用科学的方法论证了人口的负面作用，在资本主义发展蒸蒸日上的年代，这样的理论确实足够骇人听闻，所以这本书在相当长一段时间内都是禁书。

遗憾的是，这个理论从诞生之日起，就被证明是错误的——尽管它对之前的历史具有较好的解释力。与马尔萨斯生活的年代相比，今天世界人口已经增长了近 700%，可为什么我们绝大多数人还没有被饿死呢？一个简单的解释是，我们今天用等量的土地和劳动力所能生产的粮食要比马尔萨斯生活的年代多得多。中国在 2008 年的人均粮食占有量为 398 千克，按照国际上的粮食供应贫富标准，已接近自足的水平（见图 4–2）。⑫

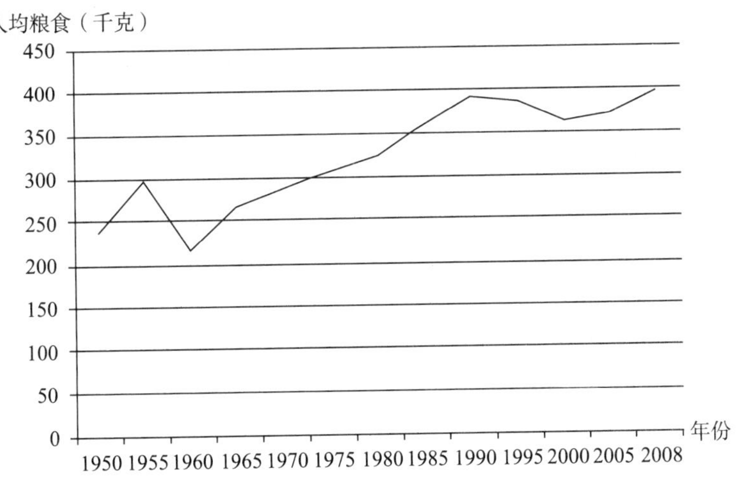

图 4–2　新中国成立以来中国的人均粮食占有量

资料来源：根据国家统计局和中国三农信息网提供的数据计算。

前面提到的出现于 20 世纪五六十年代的“新古典增长理论”也关注了人口问题——人口增加会稀释资本，进而降低增长率。从这个模型出发，那些人口众多的低收入国家很容易会掉入“人口陷阱”之中，经济长期停滞不前，唯有令人均资本大幅提高，才有可能突破瓶颈，摆脱这一贫困陷阱。

看来，在现代社会中，人口是一把“双刃剑”，一方面是重要的生产要素，另一方面会降低人均资本，拖累增长。在中国过去30多年的高增长中，人口或“人口红利”[13]起到了重要的作用。丰富、廉价的劳动力资源使中国形成了极富竞争力的劳动密集型产业，成为真正的“世界工厂”，不仅很多国际企业都将工厂或者生产基地设在中国，我们还向其他国家输出很多劳动力。可以说，没有“人口红利”，就难有这些年的增长。不过，中国在20世纪70年代末实施了非常严格的“计划生育”政策，加之收入水平大大提高，这都直接导致生育率迅速下降，“人口红利”这一优势也将不复存在，如果不转变增长方式的话，过去的高增长将难以为继。

人力资本或教育

不同的劳动者提供的劳动也不一样，在生产效率方面会有高低之别，原因何在？这是因为劳动者因教育、培训、迁移、营养保健、信息收集等方面的投资而获得的知识和技能有所差别，而积累的这些知识或技能被称为“非物资资本”或者“人力资本”，之所以也称其为“资本”，是因为它同样具有生产性、收益性和损耗性。下面，我们会就人力资本的几种主要表现形式分别介绍。

教育无疑是人力资本投资的最重要途径，而教育的主要手段又是学校教育。在20世纪60年代初的“人力资本”革命中，教育的经济功能最先被发掘出来，宏观上可以促进经济增长，微观上有利于个人收入水平的提高。[14]在后来的一系列有关增长问题的实证研究中，教育或人力资本的功能也一再被证实，[15]认识到这一点之后，全球很多国家都出现了所谓的“教育爆炸”。在20世纪60年代，全球只有不到30%的国家实现了100%的小学教育。到了90年代，实现这一目标的国家占到一半以上。发展中国家的平均教育年限也从2年提高到5年。

不是所有的研究都支持教育（或人力资本）对经济增长的积极作用，这要看研究所使用的方法、采用的指标以及样本的选取。典型地，基于经合组织国家的研究就发现这两者没什么关系。此外，从教育投资来看，撒哈拉以南非洲国家在1960—1985年间的教育投资要高于东亚国家，但后者的人均GDP增长率要远高于前者。同一时期在非洲国家内部，教育和人均GDP也没什么关系。

最新有关教育和创新过程之间关系的研究表明，模仿和创新都能带来增长，但对于远离技术前沿的发展中国家而言，模仿是增长的主要动力，故而应该加强初、中等教育，而对于发达国家来说，离技术前沿较近，模仿的收益低，更应该专注于创新，所以应该大力发展高等教育。这样的研究，对于正处于转型阶段的中国不无启示。

上述研究也表明，教育对增长的作用是有条件的，不仅教育的质量要有保障，人才的知识结构和经济结构要匹配，还要有其他投资相匹配。这就不难理解，为什么明明经济上存在着收益递减的规律，在中国，大量的人才还是“孔雀东南飞”，而不是“宁当鸡头，不当凤尾”。

营养与健康是另外一种重要的人力资本。越健康的人，劳动能力也就越强，生产率也更高，思维也更敏捷。健康水平提高的最直观证据是人的身高比以前更高了。从历史上看，正是由于营养水平的提高，英国人在最近200年间的平均身高提高了9厘米，韩国人的个头也在最近40多年的时间里提高了近5厘米。这方面的经典研究源于福格尔（Fogel），他定量地给出了18世纪末以来的200年间英国国民的营养改善对经济增长的贡献。研究的结果是，在年人均实际GDP1.15%的增长中，有约1/3的部分可以通过营养水平的提高来加以解释。[16]在《贫穷的终结》一书中，杰弗里·萨克斯（J. Sachs）从医学上得到启发，发现了非洲及南亚贫困的原因可能同疾病有关，那里炎热、潮湿的气候为流行病的泛滥提供了温床，使原本并不可怕的疟疾变得异常危险，很多人染病后都无法正常工作，生产率极低，整个经济也如同病人一样毫无生气。

技术

在经济学中，有一条古老而又重要的法则叫作“边际收益递减规律”，意思是说，如果在生产中不断地增加某一种要素的数量，增加的单位要素所带来的产量会越来越低，最终甚至会适得其反，使总产量下降。这条法则最初是由法国重农学派经济学家杜尔哥提出的，不过，很快经济学家就发现，它几乎适用于任何一种生产活动，因此成为经济学中“生产理论”的基石。

前面说过，正是在这条规律的基础上，马尔萨斯对人类社会做出了悲观的预期。不过，后来历史的发展证明了马尔萨斯判断的错误，人均粮食的占有量远高于19世纪的水平。这倒不是“收益递减规律”出现了什么问题，而是技术进步使人类的生产能力大大提高。具体来说，两个重要因素（加上生育控制）可以解释多数国家人均粮食产量的快速增长。首先，农业技术（如抗病品种和更好的土地管理方法）已经有大幅度的提高，所以用同样的投入能生产出更多的产品；其次，尽管近些年多数国家的土地和劳动使用量保持不变或下降，但其他投入（像化肥和拖拉机的使用）明显增加，所以亩产仍在上升。在19世纪50年代，生产100蒲式耳玉米所需的劳动量超过80小时。后来机械动力的出现使劳动的需求减半。而因为引进了杂交品种和化学肥料，并且在除草剂和杀虫剂方面取得进步，劳动需求再次减少了一半。1996年出现了抗除草剂和抗虫作物，这些与生物技术一道，使得今天再生产同样数量的玉米只需大约两小时的劳动。

在20世纪后半叶，技术进步也一度成为增长理论的核心内容。在新古典的索洛模型中，由于资本受边际收益递减规律的限制，穷国和富国的生活水平最终会逐渐地靠拢或“趋同”。但索洛及后来的学者也发现，现实的增长中有相当一部分是没法通过劳动和资本的投入来解释的，叫作“索洛剩余”，这个剩余和技术有关。

索洛之后，罗默（Paul Romer）领导了新的增长理论的研究，他将资本划分为实物和新知（idea），后者的非竞争性使生产呈现出规模报酬递增的性质，进而也摆脱了索洛模型在增长可持续性方面的一个不足。新知或技术也是经济系统中的一个变量，也就是说，技术不是“天定”的，而是“人定”（或者内生）的，例如，研发人数和费用、法律和制度环境都可能决定创新或技术进步的速度。

最后是美国经济学家道格拉斯·诺斯的（Douglass North）的一个研究成果。一般人的看法是，西方世界的兴起源于新技术大爆发的产业革命，但为什么产业革命会首先出现在英国而不是别的国家（例如中国）呢？那是因为之前的一系列制度安排。例如，《专利法》保护了专利发明人的经济利益，使得专利发明在经济上是一件有利可图的事情，于是，很多人完全是出于对经济利益的追逐进行发明创造（瓦特在商人的资助下改良蒸汽机就是一例），新发明大量涌现。由此看来，产业革命不是西方世界兴起的起点而是结果。这也产生了另外一个问题：技术进步是如何发生的呢？早期可能是因为偶然性和好奇心的原因，技术进步呈现出随机或不可预测的一面；而今天的技术进步往往受要素相对价格变动而涌现出的经济机会的诱导，是可预期、可把握的。

自然资源

一直有历史学家和经济学家强调地理位置、气候环境以及自然资源对经济社会发展的重要作用。比如，在非常著名的《枪炮、细菌与钢铁》一书中，戴蒙德将欧亚大陆的发展归因于拥有丰富的物种（特别是可驯养的物种）以及大陆架的走向。而由于气候影响着疾病的传播，而且在湿热的条件下，人会感到四肢无力，一动就挥汗如雨，生产率非常低，因此，赤道两侧的热带国家大多贫困。

生产中不仅要使用劳动和资本，还需要各种资源，例如土地、草场、森林、湖泊以及形形色色的矿产。在早期的经济中，产出和一国先天的资源禀赋密切相关。例如，土地（特别是肥沃的土地）曾经是相对最稀缺的生产要素，所以，毫不奇怪，拥有大量土地的加拿大、澳大利亚以及阿根廷在19世纪末曾经是世界上最富裕的国家。由于这些因素是不可控制的，因此国家的贫富多了一些运气和偶然的“天定”成分。

现代社会，随着（存储、运输、温度控制等方面的）技术不断进步，和传统的农、牧业社会相比，资源、气候对增长的影响要小很多。例如作为岛国的日本，不但各种自然资源缺乏，而且商品和要素的运输成本也相对较高，但这都没有阻止它在100多年来成为世界上最发达的国家之一。与之相反，一些资源富裕的国家（例如非洲的尼日利亚等国）反而遭受了“资源诅咒”，经济始终依赖资源的出口，产业结构不合理，制造部门萎缩，患上了“荷兰病”⑰。与此同时，政府部门却不断膨胀，腐败丛生。

贸易开放度

很少有国家只消费自己生产的商品而不与其他国家往来，经济的全球化和一体化趋势愈演愈烈，就像托马斯·弗里德曼的那本畅销书的名字一样——“世界是平的”。今天的中国人可以不出国门而很容易地买到发达国家生产的产品，比如苹果手机、名牌化妆品和服装，包括国外刚刚出版和发行的书籍、电影和唱片。当然，你在国外商场中购物的时候，也随处可见“中国制造”的商品，因为今天的中国俨然已经成为“世界的工厂”。

如果用“进出口总额占GDP的比重”来表示贸易开放度的话，根据麦迪逊给出的数据，整个世界在最近的100多年间共出现了两次全球化的趋势，分别是19世纪末至一战前以及20世纪50年代至今（90年代以来更加明显）。第二次全球化的浪潮更为迅猛，到目前为止还远没有结束，但近几年受到了席卷全球的经济危机的影响。这一切要归功于运输成本的下降、信息传播的快捷以及贸易政策的开明。

经济学家选取了两组国家，一组开放，一组封闭，如果控制了其他影响因素的话，封闭国家的增长率平均只有开放国家的一半。而且，落后国家最终能赶上先进国家的现象只发生在开放国家的组群中，如果一国是封闭的，落后会一直持续下去，离发达国家只会越来越远，不存在迎头赶上的可能。19 世纪的日本之所以能迅速成为经济和军事上的强国，一跃而达到欧洲发达国家的水平，是因为结束了闭关政策而施行自由贸易政策。20 世纪中叶的韩国、最近的越南也均受惠于此。相反，美国在 19 世纪初的贸易禁运令造成了大量的失业和破产，而 20 世纪 30 年代的“大萧条”也同那一时期的关税增长浪潮有关。[18]

我们更熟悉的是自己国家的情况。中国曾经是世界上最发达的国家，但明、清两朝的“闭关锁国”政策使我们失去了与世界上其他国家联系和共同发展的机会。极端的如乾隆帝曾经下令，除广州一地外，停止厦门、宁波等港口的对外贸易，这就是“一口通商”政策，也标志着“闭关锁国”政策达到顶峰。这也导致中国经济在当时一直处于落后于人的状况。到了 20 世纪 80 年代，改革开放政策使资金、技术和先进的管理方法大量涌入国内，整个国家的经济才开始迅速发展起来。

尽管有大量的证据强调开放和增长的关系，但并不是所有国家或者团体都支持开放，因为一国由封闭变成开放虽然对整个国家有益，但对国内不同的群体，结果还是不一样的，甚至有的群体还会受损。所以，一个国家采取什么样的贸易政策还要看国内不同利益群体之间的博弈情况。比较常见的一些反对开放的理由有：幼稚产业论、剥削论、破坏环境、丧失主权，等等。这些观点在经济上都站不住脚，往往是支持贸易保护的既得利益团体游说政府的幌子。

其他因素

先谈一下民主和经济增长的关系。这方面著名的研究来自巴罗。他在一份涉及 100 多个国家的研究中发现，民主程度（由选举在政治中所起的作用来衡量）并没有成为经济增长的关键决定因素，但却有一些事实表明它们之间存在非线性关系。在低水平的政治权利状况下，权利的扩大会刺激经济增长。然而，一旦达到适度的民主程度，权利的进一步扩大会阻碍增长。一个可能的解释是：在极端专制的状况下，政治权利的增加会促进增长，因为这时对政府权力的限制是紧迫和必需的；然而，在已经获得某种程度的政治权利的国家，进一步的民主化可能会阻碍增长，这是由对社会项目和收入再分配的过度关注而导致的。虽然民主对增长的影响微弱，但经济繁荣程度同民主的参与倾向之间却有着强烈的正相关关系，这种关系被称为“利普赛特假设”。正因为如此，各种对生活水准的测度（真实人均GDP、寿命预期、男女教育程度差异）都能用来预测民主程度。

再说一下制度和经济增长的关系。朝鲜和韩国以及统一之前的东、西德这两组国家为解读这种关系提供了天然的对比实验。韩、朝两国的生活水平有天壤之别，可这两个国家除了制度以外，其他方面几乎一模一样，实际上，在朝鲜战争结束之后，朝鲜的资源和工业基础可能还稍好于韩国。统一之前的东、西德也是如此。在《国家为什么会失败》一书中，当今国际经济学界成果首屈一指的经济学家阿西莫格鲁和罗宾逊从大量的史实出发，在广纳型（inclusive）和榨取型（extractive）两种制度的视角下对各国的经济增长进行了深入的研究，他们得出结论，在后一种制度下虽然也存在增长的现象，但由于资源和财富集中在少数“精英”手中，所以增长是不可持续的（例如苏联和新加坡的模式）。

最后还需要特别说明的是，即便一个国家具备了上述一切有利因素，也不一定会走上增长之路。我们不妨仔细想一下，这些因素到底是增长的原因，还是增长的结果呢？

“东亚奇迹”与中国经济增长

亚洲（特别是东亚）国家在现代经济史上贡献了最惊人的增长奇迹，先是一直不被看好的日本，紧接是所谓的“四小龙”——中国香港、新加坡、韩国和中国台湾。从1966年到1990年，当美国的实际人均收入每年约增长2%时，这些国家或地区中的每一个的实际人均收入每年都增长7%以上。在一代人身上，人均实际收入增长了近5倍，这些国家或地区也迅速从世界上最贫穷的一端大踏步地进入到富裕的行列。中国在实行了改革开放战略后，经济水平大幅提高，成为世界经济增长的重要驱动力之一。根据2007年世界银行公布的数据，2003—2005年，中国经济增长对世界GDP增长的平均贡献率高达13.8%，仅次于美国的29.8%，排名世界第二（见表4-1）。而据IMF测算，2007年中国经济增长率为11.4%(初步核算数)，对世界经济增长的贡献率为17.1%，居世界之首，高于欧元区的14.6%、美国的14%、日本的4.2%，而俄罗斯、印度、巴西等其他“金砖国家”对世界经济增长的贡献率分别只有4.8%、4.7%和3.3%。

表4-1　几个主要经济体的增长及贡献

国家	年份			
	2002	2003	2004	2005
	GDP增速（%）			
中国	9.1	10.0	10.1	10.4
美国	1.6	2.7	4.2	3.2
日本	0.1	1.8	2.3	2.6
德国	0.1	0.2	1.6	1.0
英国	2.0	2.5	3.1	1.8
印度	3.7	8.4	8.3	9.2
世界	1.8	2.8	4.1	3.5
	对世界经济增长的贡献（%）			
中国	20.1	15.6	11.4	14.3
美国	27.0	29.9	31.4	28.0
日本	1.1	9.2	7.9	10.3
德国	0.2	–0.4	2.3	1.5
英国	5.0	4.2	3.5	2.4
印度	3.1	4.6	3.3	4.4

资料来源：World Bank，2007，World Development Indicators 2007.

经济起飞

日、韩、中三个东亚国家在20世纪下半叶上演了一场波澜壮阔的有关经济起飞的“三国演义”。早在1963年，日本人均GDP还仅为573美元，只有美国的22.5%；而到了1968年，日本经济总量超过了西德，达到1,000亿美元，从而成为西方国家中仅次于美国的第二经济大国。后来到了1973年，达到2,964美元，占美国的52%；1978年又上升到83.6%。人均GDP从1,000美元增加到2,000美元再增加到3,000美元所用的时间分别只有6年和3年，大大快于西方发达国家。至此，日本人自明治维新以来梦寐以求的赶超欧美国家的理想终于变为现实。

韩国在1962—1991年共实施了六个“五年计划”，GDP的年均增长率保持在9%的水平。1962年韩国执行第一个五年计划时，其国内生产总值只有23亿美元，人均GDP只有87美元，工业基础极为薄弱，基本上是落后的农业国。而15年后的1977年，其人均GDP即达到了1,000美元，1983年则达到了4,049美元。从人均1,000美元到4,000美元，美国花了整整100年，日本用了30年，而韩国只用了21年，创造了“汉江奇迹”。

中国的GDP总量1972年为1,121.6亿美元，1978年为2,164.6亿美元。改革开放以后经济迅速发展，1998年首次突破1万亿美元大关，达到10,194.58亿美元，2010年总量达到了5.879万亿美元，首次超越日本。从人均GDP看，1979年中国为182.3美元，2001年首次突破1,000美元，达到1,041.6美元，2006年首次突破2,000美元，达到2,069.3美元。在2008年国际金融危机的冲击下，日韩经济均出现了零增长，中国仍然实现了9%的高增长率，人均GDP达到3,413.6美元。2009年，中、日、韩人均GDP分别为3,744.4美元，39,738.1美元，17,078.2美元，韩国是中国人均GDP的4.6倍，日本则是中国的10.6倍。人均GDP的差距与中国的人口数量分不开。总体来看，虽然中国人均GDP水平起点较低，但增长速度，比日、韩经济高速增长时期还要快，表明中国经济发展充满活力

（见图 4-3）。

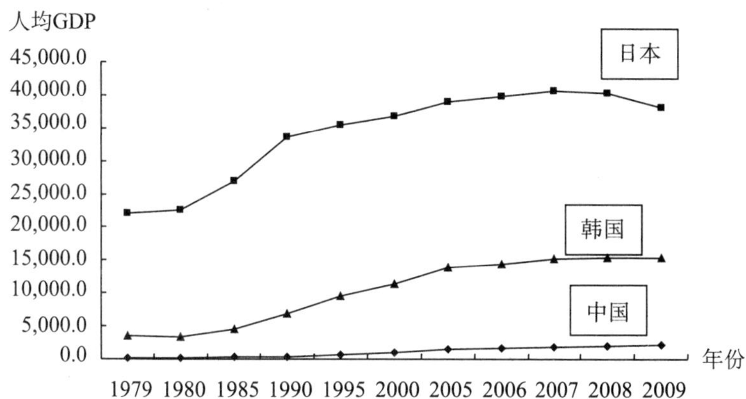

图 4-3　中、日、韩三国的人均 GDP 变动趋势（1979—2009，单位：美元）

资料来源：Penn World Table 7.1.

奇迹成因

是什么造就了东亚地区的这一增长奇迹呢？一些研究表明，这些国家与地区超常的增长可以追溯到可衡量的要素投入的大幅度增加：劳动力参与率的上升，资本存量的增加以及教育的普及、提高。例如，在韩国，投资—GDP 比率从 20 世纪 50 年代的 5% 提高到 20 世纪 80 年代的 30% 左右；受过高中以上教育的人口从 1966 年的 26% 上升到 1991 年的 75%。然而，在东亚几个国家与地区中，没有一个有过全要素生产率[19]的显著提高。实际上，这也正是美国经济学家保罗 · 克鲁格曼（Krugman）对“亚洲奇迹”的基本判断：所谓的“亚洲模式”侧重于数量的扩张，而轻视技术创新。这种做法极容易形成泡沫经济，在高速发展的繁荣期留下危机的隐患，一旦进入衰退，大规模的调整必然发生。后来 1997 年的亚洲金融危机也部分地印证了他的观点。

但东亚国家在技术领域并非毫无作为，它们在这方面所做的工作主要体现在对西方先进技术的模仿、改造以及本土化的处理上。当一国同世界技术前沿相差太远时，最有吸引力且最赢利的途径就是模仿，随着差距越来越小，自己研发在经济上才会可行。此外，在经济发展战略上，东亚国家也纷纷抛弃开始的“赶超战略”，转而按照由资源禀赋决定的比较优势来进行专业化生产。

日本和韩国在其经济增长方式转变过程中充分采用了比较优势的发展战略，大力发展国际贸易，适时调整产业结构，实现了经济全面的快速赶超。20 世纪 70 年代以前，日本经济增长主要是依靠粗放型的投入来取得的。战后恢复期，日本为了迅速恢复几近瘫痪的经济体，依赖国内市场廉价劳动力的过剩供给和国际市场廉价石油的大量供给，大力发展轻纺工业和化学等基础性工业。1953 年，确立了贸易立国政策，进口原料和粮食，出口工业产品，同时转入以重化工业为中心的经济阶段；此后由于劳动力短缺，经济增长开始依靠资本和能源投入来实现，大量的技术引进和模仿创新、企业管理技术进步等资本和劳动以外因素的增加也促进了经济增长，这一阶段日本的经济增长呈现半集约型增长态势。20 世纪 70 年代以后，由于重化工业带来严重的环境污染问题，加上 1973 年国际石油危机的爆发，日本走上以节约能源、原材料为中心，以技术投入、知识创新为主的集约型经济增长道路，经济集约化程度不断提高。

韩国经济的增长过程可分为四个阶段。20 世纪 50 年代中后期，韩国经历了战争后的重建恢复期，先是选择了内向型经济发展道路，后逐渐从进口替代转向出口替代，积极引进外资和技术，扩大出口贸易，及时实现了经济从内向型向外向型的转变。从 20 世纪 60 年代初开始，韩国开始以劳动密集型产品（如轻工产品）出口推动经济增长，同时完成了资本密集型的原材料工业产品的进口替代。20 世纪 60 年代后半期到整个 70 年代，韩国从日本和美国大量引进外资，发展资本密集型的重化工业来取代劳动密集型产业。80 年代以后又提出“科技立国”口号，增加科技投资，重点发展知识技术密集型产业，实现了经济增长方式从粗放型向集约型的转变。

而中国近三十多年的高增长，虽然速度更快，增长率更高，但从总体来看，本质上和日、韩两国的模式没什么区别。从第二产业增加值的变动趋势来看，三国在经济起飞阶段的情况相差无几，趋势基本相同（见图 4–4）。新中国成立后效仿苏联模式，优先发展重工业，经济增长一开始即踏上了“高投入、高消耗、高排放、低效率、难循环”的发展阶段。改革开放初期的经济增长方式是典型的粗放型经济增长，主要依靠廉价的劳动力和自然资源消耗来实现。随着市场经济制度的确立，经济发展逐渐遵循由要素禀赋决定的比较优势，劳动密集型产业得到了空前的发展。

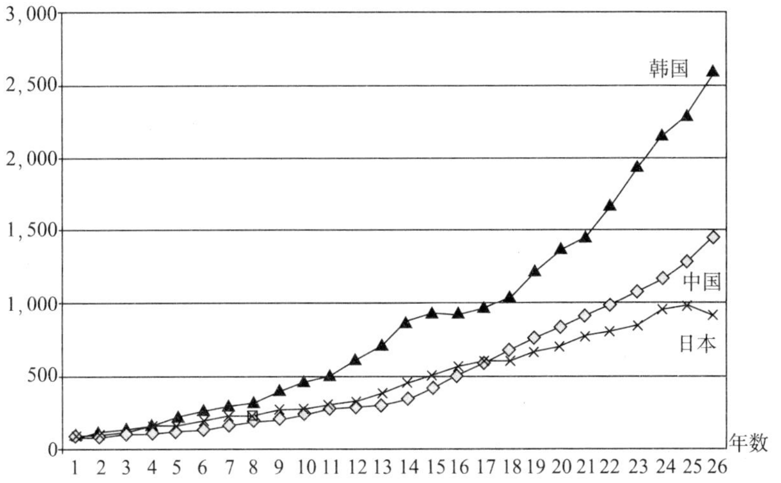

图 4–4　亚洲的经济起飞：第二产业增加值在 26 年间的实际增长

注：纵轴为第二产业实际增加值指数（第1年=100）。图中，三个经济体计算的起始年份分别是，中国，1978；日本，1955；韩国，1965。

资料来源：Brandt，Rawski and Sutton（2008）.

日、韩两国的经验对于我国经济增长方式的借鉴

虽然近年来，中国经济实现了飞速增长，但各种经济和社会问题也随之而来，收入差距、环境污染、食品危机、官僚腐化、看病难、上学贵、养老体系薄弱、经济结构不合理、经济增长质量效益差等问题日益显现。很多人将这归咎于市场化，但有学者指出，这些问题恰恰是市场化不足的

结果。所以，一方面，要继续市场化的进程。而另一方面，政府要规范自身的行为："有所为，有所不为"，充当好一个"守夜人"的角色。在这一方面，日、韩两国政府的一些驾驭社会协调发展的策略值得借鉴。

首先，政府的适度干预。日韩两国政府在各自的经济发展中一直起着重要作用，在发展战略、人才培养、技术引进、金融稳定、价格保护、结构调整等方面都由政府主导。正因为有效地利用了政府准确而强有力的诱导，两国才得以在短时间内进行有效的资源配置，仅用了30年左右的时间就完成了发达国家用了上百年才走完的经济增长方式转变之路。当然，政府主导并非适用于所有发展阶段。实际证明，近年来它已经在部分国家和地区的经济增长中造成了一些困扰，政府与市场关系问题急需得到妥善处理。

其次，重视人力资本投资。日、韩两国的劳动力在经济发展的初期都成为拉动经济增长的比较优势，并在后续的经济增长中因为劳动力素质的不断提高带动了企业技术的创新，促进了产业结构的升级。中国正处于经济高速增长期，增长率比日、韩两国都要高，这充分反映了中国市场的容量和增长潜力。但是，我们应该认识到，中国经济高速增长的助推力中制度因素占很大部分，而且在很大程度上依赖于廉价的劳动成本。而随着用工荒的出现，劳动成本也开始显现出日韩两国经济高速增长后期的攀升趋势。因此，加大人力资本的投资，提高劳动力素质，并由此带动企业技术创新，将是中国实现经济可持续增长的关键。

再次，强调技术创新。从日、韩等发达国家的发展实践看，在人均GDP达到4,000美元前，发达国家基本处于资源驱动经济增长阶段；而当人均GDP达到或超过4,000美元后，则开始重视创新在经济增长中的巨大作用，不断加大科技创新投入，使技术创新成为经济增长的重要引擎。2010年，中国人均GDP超过了4,000美元，已进入创新成为经济增长动力的发展阶段。要提高技术创新能力，加快经济发展从主要依靠投资向主要依靠创新的转变进程，就要增加研发经费投入，大力推进自主创新。

最后，调整收入分配。吸取韩国非均衡发展战略导致的收入分布失衡的教训，借鉴日本税收和社会保障等二次分配政策的经验，中国应调整国民收入分配格局，不断提高居民收入占GDP的比重和劳动报酬占初次分配的比重。实施全覆盖以及统一的社会保障制度，提高保障水平，稳定预期，解决居民消费的后顾之忧。使经济真正走向依靠内需而不是外需的增长之路，藏富于民，施惠于民。

经济增长一直是最受关注的经济话题，虽然已有的研究汗牛充栋，但仍有很多未解之谜有待揭开。社会是一个复杂的大系统，我们不能像组装一台机器那样，简单地把导致增长的各个因素组合在一起，就期望它顺利地走上平稳增长的康庄大道。很多因素很难说是增长的原因还是结果，也就是说，它们可能是互为因果。从这个意义上说，社会很可能是自动演化而非人为有意设计的。因此，以我们目前的认知，对它抱有一份谦虚和敬畏才是应有的态度。

第五章 失 业

如果能不劳而获，谁都不愿意工作。可一想到失业后可能收入全无、贫困潦倒，工作辛苦一点也能坦然接受了。毕竟，在市场经济国家，失业是你随时可以选择（但很少选）的一种生活状态。就业能够给你带来可供生活休闲的收入报酬，可以让你衣食无忧，也可以给你带来实现个人人生价值的成就感。而失去工作在人的一生中可能是最悲惨的事件，这意味着你可能很难维持生活水平，因为你得不到劳动收入，生活水平会下降，未来生活得不到保障，当然也没成就感，没办法实现自己的人生价值，最后，自尊心也将受到严重的伤害。正如美国作家、诺贝尔文学奖得主约翰·斯坦贝克在《愤怒的葡萄》一书中写的那样，“他们四处奔波寻找工作……他们在路上转来转去。四处奔波改变了他们。公路上的劳累、露营的生活、对饥饿的恐惧及饥饿本身都使他们发生了变化。吃不上晚餐的孩子改变了他们，无休无止的搬迁也在改变着他们”。

失业给失业者个人和家庭带来极大的伤害，进而应对失业常常被一国政府列为首要的经济任务，成为最受关注的民生问题。[①]失业率的高低可以体现政府的执政能力，可以使政府获得民众的好感，民选政府每到选举换届的时候，候选人都会拿出自己关于控制失业的目标。失业率还会间接地反映一国经济的好坏，从而影响投资者的投资行为。一国生活水平明显取决于其失业率水平。那些想工作却又找不到工作的人并没有对生产做出贡献。因此，当一国经济存在大量失业的时候，它所实现的 GDP 将远低于充分就业情况下的 GDP 水平。

失业既然是一个如此重要的经济现象，它是如何衡量的，分成几类？更重要的问题是，失业对经济有什么影响？该如何治理它？

失业的概念及测量

在经济学中，一个有劳动能力、愿意并且积极寻找工作但没有找到工作的人，就被认为是失业者。

这个概念非常明确，操作性强，它告诉我们哪些情况会被列入失业，哪些不会。其中，“有劳动能力”这句话的前提是，失业者要属于劳动力和成年人口这两个更大的群体，如果一个人不是劳动力，即便没有工作，也不会被记为失业。[②]此外，一个具备了劳动能力的人如果不愿意工作，进而没有积极地寻找工作，也不能算是劳动力，而是非劳动力，从而不能算作失业人口。

因此，我们至少需要两个指标才能反映出劳动力市场的真实情况：一个是劳动参与率，它等于劳动力人口与成年人口之比；另一个是失业率，它是失业人数与劳动力人数之比。即

劳动参与率 =（劳动力人口 / 成年人口）× 100%，其中，成年人口 = 劳动力人口 + 非劳动力人口[③]

失业率 =（失业者人数 / 劳动力人数）× 100%，其中，劳动力人数 = 失业者人数 + 就业者人数

下面我们会给出中国和美国不同年份的劳动参与率和失业率的情况（见表 5-1 和表 5-2）。我们发现，两国共同的事实是，年轻人的劳动参与率要低于三四十岁的中年人。就中国而言，青少年群体（15—24 岁）的劳动参与率近年来一直在下降，从 76% 一直降到 34%，这主要归因于这部分人群教育水平的提高，使得大部分人口正在学校读书而没有进入劳动力市场。而中国的劳动参与率要远高于美国，可能的原因包括：收入低，以工资收入为主，教育程度低等等。

中国在相当长一段时期内还使用过“待业”这个词，直到1994年才正式启用失业和失业率的概念并开始公布城镇登记失业人数和城镇登记失业率。中国官方公布的失业率数字为城镇登记失业率，关于失业率的统计每季度进行一次。失业人员严格规定为：(1)有非农业户口；(2)在一定的劳动年龄内（男性为16—50岁，女性为16—45岁）；(3)有劳动能力；(4)无业而要求就业；(5)在当地劳动保障部门进行失业登记的人员。

读者也许觉得这些条件有些过于苛刻了。我们总结出如下几点问题：(1)失业的定义中没有把农村人口纳入失业人口统计；(2)失业人员年龄设置不够合理；(3)失业指标只有失业人数和失业率，结构单一；(4)统计方式是来自劳动就业部门的登记记录，除了有失业人员不参与登记造成数据不完整之外，还有可能由于相关部门弄虚作假使数据信用度降低。对此我们再将美国的统计方法做一个比较。

表5-1 中国部分年份的劳动参与率

年龄（岁）	劳动参与率（%）				
	1982	1990	1995	2000	2005
15—19①	76.22	67.05	58.71	50.38	34.14
20—24	94.04	92.70	92.95	87.81	80.62
25—29	94.00	95.04	94.66	92.30	89.32
30—34	94.09	95.26	94.76	93.07	90.66
35—39	93.98	95.25	94.74	93.20	91.30
40—44	91.50	93.79	93.99	92.00	90.29
45—49	84.80	89.87	89.99	88.35	85.29
50—54	72.27	78.54	80.17	79.39	76.58
55—59	58.72	65.22	64.49	67.88	65.13
总计	77.55	79.87	79.66	76.82	71.01

注①：新的《中华人民共和国劳动法》明确规定，严禁使用16周岁以下的青少年作为劳动力。但这篇文章的作者大概是出于统计上的需要，将15周岁的人群也纳入了其中。

资料来源：马忠、吕智浩、叶孔嘉，“劳动参与率与劳动力增长1982—2050年”，《中国人口科学》，2010年第1期。

美国政府采用的失业人口统计方法为现期人口调查，每月一次对美国家庭和企业进行统计调查，据估计，每月约有10万位成年人通过电话或者面谈方式被采访。在美国一个星期工作一小时以上的人即可被记作当月就业者。除此之外，美国劳工统计局还制定了七种失业率统计标准，例如长期失业率、成人失业率、失去寻找工作勇气的失业人口的失业率等，以提高失业统计的准确率。

表5-2 美国不同人口群体的劳动力市场经历（2009）

人口群体	失业率（%）	劳动参与率（%）
成年人口（20岁及以上）		
白人男性	8.8	75.3
白人女性	6.8	60.4
黑人男性	16.3	69.6
黑人女性	11.5	63.4
青少年（16—19岁）		
白人男性	25.2	40.3
白人女性	18.4	40.9
黑人男性	46.0	26.4
黑人女性	33.4	27.9

资料来源：Mankiw.G.,2012,*Principles of Economics(6e)*,p.696,South-Western Cengage Learning.

实际上，只要我们对两国的统计方法进行比较，就容易看出美国的方式更及时、丰富，误差更小，可行度也更高，家庭统计包含了农业人口，涵盖的范围更广，更具有现实意义。

用失业率衡量失业看似直观，实际上失业率并没有衡量我们想要衡量的全部内容，还存在着若干不可避免的缺陷。

由于人口数量的庞大，调查统计过程覆盖不到每一个人；而且每时每刻都有人成为就业者，每时每刻都有人成为失业者，每时每刻都会有人决定退出劳动力的队伍，人们是如此频繁地进入、退出劳动力队伍，所以很难准确地测量失业。

一些人报告自己失业，但事实上并没有努力寻找工作，只是想获得政府给予的补助；或者他们实际上在工作，但为了避税而“暗中”获得收入，这就使失业率被高估了。另外，一些已经决定退出劳动力市场的非劳动力，实际上想获得工作，但是在寻找工作中受挫，使他们丧失了信心，在计算失业率时，没有把他们算在内，就使得失业率被低估了。不过，百丑难遮一俊，到目前为止，失业率仍然是我们所能获得的最可行的衡量失业的指标。

失业的类型及原因

经济学家一般将失业分为三种类型，即摩擦性失业、结构性失业以及周期性失业。摩擦性失业和结构性失业又称为自然失业，是经济正常运行下长期存在的失业，这是由于劳动力市场上的一些制度性因素所造成的；而周期性失业是围绕着自然失业率波动的那种失业，是经济短期波动导致的。下面我们就来具体看一下这三种失业。

摩擦性失业。工人能力、兴趣和技能千差万别，同样工作也有不同的技能要求、工作条件和薪水。结果，一个刚进入劳动力市场的新手或者刚失去工作的人可能无法在很短时间内找到合适的工作，大多数人总要在工作搜寻中花费一点时间，这就如企业需要花一定的时间为它的岗位寻找工人一样。

摩擦性失业就是工人和工作岗位在匹配过程中所形成的持续时间较短的失业。找到和自己“匹配”的工作需要花一定的时间，这个过程在经济学上叫作“搜寻”，而摩擦性失业就是和这种搜寻有关的失业。因为合意的工作常常不是立刻就能找到的，所以一定程度的摩擦性失业也就不可避免。劳动力市场每年都会创造和消亡数以万计个工作，因而总有一些人会处于摩擦性失业中，他们处于新旧工作之间的间隔期。

摩擦性失业的存在也是劳动力市场效率的一种体现。在中国的计划经济时代，不存在劳动力市场，也就谈不上有摩擦性失业了。实际上，在那个年代，失业率几乎为0，从业者没有失业的压力，劳动效率非常低。在向市场经济转轨的阶段，需要建立能自由流动的劳动力市场，摩擦性失业进而出现了。放弃原有的工作，去劳动力市场上找一份更适合自己的活干，也是提高市场效率的途径之一。

结构性失业。眼下，相比于传统的手绘二维动画，用于《怪物史莱克》等影片由计算机生成的三维动画变得越来越流行。很多在手绘动画方面有过人才智的人，失去了他们在迪士尼、梦工厂和其他电影工作室的工作。为了能再就业，这些人中的许多人要么苦攻电脑生成的动画技术，要么另谋高就。这期间，他们是失业者。经济学家一般把这种因经济结构变动而引起的失业称为结构性失业。它是工作技能或工人特征与工作要求之间持续地不相匹配所形成的失业。结构性失业可能要历经很长时间，因为工人们需要时间去学习新的技能。比如，由于外国制造商的竞争以及技术进步所形成的机器对人工的替代，自20世纪80年代早期到21世纪初这段时间内，美国的汽车行业就业人数减少了一半，很多汽车工人经历长期的职业培训后，才在其他行业找到新的饭碗。有些人缺乏基本技能，例如识字能力，或者有吸毒、酗酒等陋习，这使他们基本上无法胜任任何工作，这些工人可能会持续结构性失业好多年。

理论上讲，只要工资可以灵活向下调整，哪怕某一行业的劳动力需求再小或者供给再多，也不会出现失业问题。进而，有的经济学家认为，造成结构性失业的原因在于劳动力市场上存在工资刚性，使得实际工资长期高于均衡工资，进而出现劳动力的供大于求而产生的失业。可为什么实际工资会偏离（高于）均衡工资呢？这要追溯到一些特殊的制度安排了，下文会详细说明。

周期性失业。经济始终处于波动之中，在处于衰退阶段的时候，很多企业会发现，它们的产品销路不畅、库存增加，对此做出的反应是，缩减生产规模，裁掉一部分员工。这种和短期经济波动息息相关的失业被称为周期性失业。当然，一旦经济走向复苏，生产扩张，就业情况自然就会好起来，周期性失业会慢慢消失。在 2001 年经济衰退期间，福特公司专门生产卡车的子公司就解雇了很多工人，当经济从衰退中逐渐恢复过来，它又开始重新雇佣这些员工，公司的这些工人们所经历的就是周期性失业。

现实经济中的失业是上述三种失业交织在一起的结果。摩擦性失业和结构性失业构成了一国失业的长期平均值，而周期性失业就是实际失业率与这个平均值的偏离。根据国际劳工组织于 2014 年发布《全球就业趋势报告》，2013 年，全球失业人数近 2.02 亿人，2014 年全球就业增长依然疲软，失业率继续上升，尤其是年轻人。2013 年全球增加的失业人口大部分来自于亚洲东部和南部，这两个地区占到所有新增失业人口的 45%，紧随其后的是撒哈拉以南非洲地区和欧洲。而像西班牙和希腊这样的国家，年轻人的失业率达 50% 以上，而且几乎没有减缓的迹象。

全球就业形势依然严峻，我们现在想要知道的是，什么原因造成了上述这种局面呢？也就是说，失业都有哪些原因呢？

首先，就摩擦性失业来说，原因有二：

寻找工作。经济中总存在某些失业的一个原因是寻找工作。寻找工作是使工人与工作相匹配的过程。在现实生活中，工人的嗜好和技能不同，工作的性质不同，而且等候工作者和职位空缺的信息在许多企业和家庭中扩散得很慢。因此，一个人找到合适工作之前往往要花上一段时间来寻找工作，这就造成了摩擦性失业。找工作和找对象很相似，你先要在茫茫人海中搜寻，然后才会遇到一个情投意合的人，而这期间单身的状态就对应着摩擦性失业。

失业保险。政府的失业保险意在保护失业者及其家庭，减轻他们所承受的失业之痛，但却无意间增加了摩擦性失业。有些失业工人在寻找新的工作期间，每周都能够获得一定的生活补助，补助的金额在不同的国家也不一样，在美国一个享有失业保险的普通工人可以在前 26 周内（在经济衰退期会延长）得到相当于其以前工资的 50% 的补助。而历史上饱受失业之苦的德国为了能让失业者也过上“体面”的生活，失业补贴甚至达到了80%。在经济学家的一项试验中，领取失业保险的失业者如果在11周内找到工作，就能获得500美元的奖励，结果，同没有奖金的人群相比，有奖金的人群平均失业时间要短7%。[④]看欧洲足球赛事转播的时候，常常奇怪为什么有那么多人捧场，虽然比赛本身很精彩，但有的比赛时间在工作日，那些球迷熬夜去现场看球不会影响工作吗？或者，他们追随自己的队伍去其他城市比赛需要向单位请假吗？后来经过了解才知道，由于有失业保险和津贴，有的人一年只工作一段时间，其余的时间都用来吃喝玩乐了。

上面说过，除了认为经济结构变化会导致结构性失业之外，有的学者还将结构性失业的原因归结为劳动力市场上的某些制度安排导致工资过高，进而造成劳动力的供大于求。这些制度安排包括：

最低工资法。为了能让低收入者维持基本的生活需要，也能过上相对体面一点的生活，很多国家都有最低工资标准（法），规定了一个成年人全日制工作的月、周或小时的最低报酬。这种最低工资标准就相当于农业中的最低价格或保护价格，意在保护生产者一方。可一旦规定的最低价格高于均衡价格的话，就会造成市场上的供过于求，农产品市场的粮食过剩需要政府按保护价敞开收购才能使保护价格得以维持，而劳动力市场上的过剩就造成了失业。也就是说，最低工资标准目的是要提高工人的生活水平，结果却导致他们中的一部分人连工作也丢了。当然，如果劳动力市场不是完全竞争的，或者工人的技能有高低之别，那么从现有的研究来看，最低工资标准对就业的影响（就业效应）是不确定的。[⑤]

工会和集体谈判。在劳动力市场上，个人与企业进行谈判常会遇到障碍，而工会就是工人选出来的代表工人与雇主就工资、津贴和工作条件进行集体谈判的组织。工会源于早期的技术工人协会，是一种劳动力市场上的垄断组织（卡特尔）。与任何卡特尔一样，工会是卖方共同行动以希望发挥其市场势力的一个集团，工会与企业就就业条件达成一致的过程称为集体谈判。当工会把工资提高到均衡水平之上时，它就增加了劳动供给量，减少了劳动需求量，从而引起了失业。那些在较高工资时仍然就业的工人（常常是工会会员）的状况变好了，而那些以前有工作但现在失业的工人（常常是非工会会员）的状况则变坏了。

如果企业的势力过大，工人就必须组成工会来维护自己的权益。在很多国家，加入工会在经济上是有利可图的。一般来说，仅仅工资一项，工会会员的工资就要比非工会会员的工资平均高出10%—20%，这还不算工会会员会有更好的福利、津贴及其他劳动保障。

效率工资理论。1914年，汽车制造商亨利·福特为他的工人制订了一天5美元的最低工资计划，远高于行业每天2—3美元的平均工资，这个计划使当时大部分的工资翻了一番，但效果奇佳。原来，当时汽车生产进入了流水线作业的时代，一条流水线上有多名工人，而整条流水线的工作效率由效率最低的那个工人来决定（类似“木桶原理”）。为了提高生产效率，就需要在监督工人生产方面增加人手，监督成本很高，但收效甚微。福特提高工资后，工厂门口前来应聘的工人排成了长队，在业工人每天上班都能看到这一场景，工作起来格外卖力，生怕稍有不慎而失去这份“美差”，监督、管理成本大大降低了。结果正如福特所言，“这是我们曾经做过的最佳的削减成本的举措之一”[⑥]。效率工资与福特的理念相呼应，是企业为了提高工人劳动生产率而支付的高于均衡水平的工资，而支付高工资的原因，在于信息不对称。管理者不了解工人实际的工作能力和努力程度，而工人自己了解。企业想雇来生产效率高的工人或者让工人提高生产效率，只有提高工资。例如，企业想雇一位生产率在5000元/月（若生产效率可用货币表示的话）的工人，在信息不对称的情况下，如果不出5000元以上的工资，来应聘的人，其能力必定小于等于5000元，而高能力的人嫌工资低，是不会来应聘的。

在某些方面，效率工资引起的失业与最低工资法和工会所引起的失业是相似的，在这三种情况下，失业都是因为工资高于使劳动供给量与劳动需求量平衡的水平。但有一个重要的差别：最低工资法和工会可以阻止企业在工人过剩时降低工资；效率工资理论则认为，在许多情况下，这种对企业的限制是不必要的，当企业使工资处于均衡水平之上时，其情况可能更好，因为高工资可以吸引更有能力的工人到企业来，使企业有更高的生产效率。

周期性失业与前面的两种失业不同，它是由于短期的经济波动造成的。我们知道，经济周期是不可避免，也无法预料的，无论是太阳黑子、气候，还是投资、消费、货币、技术，都可能是经济波动之源。在经济繁荣的时候，总需求旺盛，企业会扩张生产，增加就业；而在经济衰退期间，总需求不足，库存积压，企业裁员减产，失业增加。所以，只要想办法“熨平”经济周期，这种失业就会少一点。

两条重要的经济规律

失业问题受到普通人和经济学家的广泛关注。对普通人来说，失业所带来的社会影响和经济影响尤为严重。而对于从事学术研究的经济学家们来说，除了失业自身，他们还对失业率与其他重要的经济指标之间的关系格外关注。可以不夸张地说，宏观经济学中的重要规律几乎都同失业有关。

奥肯定律

新一届中国政府一如既往地强调经济增长，只不过，将以往的“保增长”改为“稳增长”，这也构成了“克强”经济学的核心内容。一字之差，含义不同。在这里我们不谈两者的区别，而是要强调经济增长或者使经济保持稳定增长的重要性。很多宏观经济变量之间都有着密切的联系，比如增长和失业之间的经济联系被称为“奥肯定律”，这是美国著名学者阿瑟·奥肯在 1962 年提出的，是一条描述失业率和实际 GDP 增长率之间交替关系的定律。具体而言，失业率每高于自然失业率一个百分点，实际 GDP 就会低于潜在 GDP 两个百分点：

$$\text{失业率的变动} = -\frac{1}{2} \times（\text{实际 GDP 增长率} - \text{潜在 GDP 增长率}）$$

其中，潜在GDP是指充分就业条件下一国经济所能够生产的最大产值，它是由一国经济的生产能力决定的，与实际GDP相比，在经济周期中波动较小。在经济衰退时期，实际GDP会低于潜在GDP；在经济高涨时期，实际GDP会在短期内高于潜在GDP。

奥肯定律提出后，经济学家对其进行了验证，美国的数据比较好地支持了这一结论，但在其他国家，特别是发展中国家，两方面的结果都有。不过，抛除简单的1∶2的关系不谈，奥肯定律毕竟揭示了经济增长与失业率增长之间的负相关关系，而这一关系对于解决就业问题意义重大。

了解了奥肯定律的内容之后，我们就会明白增长对于转型中国的重要性了。中国正在经历城市化的过程，大量农民会涌入城市，隐性失业显性化，再加上之前的国有企业改革令很多工人下岗，失业就成了当代中国的一个重要的社会问题。在高增长时期，城市中仍有大量失业者存在，一旦增长率下降，则失业问题加剧，会直接影响到社会的稳定。

很多学者也对奥肯定律在中国的适用情况进行了检验。图5-1给出了近一段时期中国各年的经济增长率和失业率的情况。简单地从直觉上看，经济增长率与失业率的走势在特定时期内（1998—2008）似乎呈现出同方向变化的趋势，看起来与奥肯定律描述的情形是不一致的。究其原因，一方面在于统计口径的差异。中国对失业人口的定义仅限于城镇登记失业人员，排除了占人口大多数的农村失业人口和未进行登记的失业人口，范围大大小于国际劳工组织规定的范围，以致实际上我们所看到的数据并不能真实反映中国的失业情况。另一方面则是由于中国特殊的经济发展轨道，以及现阶段处于经济转型期的特殊阶段所决定的。20世纪90年代以来，中国人口总量不断上升，导致需要就业的人员数量上涨，而当人口增长量超过经济增长可提供的就业岗位数量时，就有可能造成失业人员的增加；经济体制的改革在某种程度上也造成大批工人下岗，增加了失业人数。而同时减员增效使国有企业的效率提高，刺激了经济的增长。因此在这一时期，中国出现了经济增长与失业率上升并存的局面。最后，产业结构的调整也导致结构性失业和摩擦性失业人数增多。经济虽然增长了，但是对于就业并没有多大的帮助，反而可能由于大量地采用机器代替人力，造成失业人数的增加。

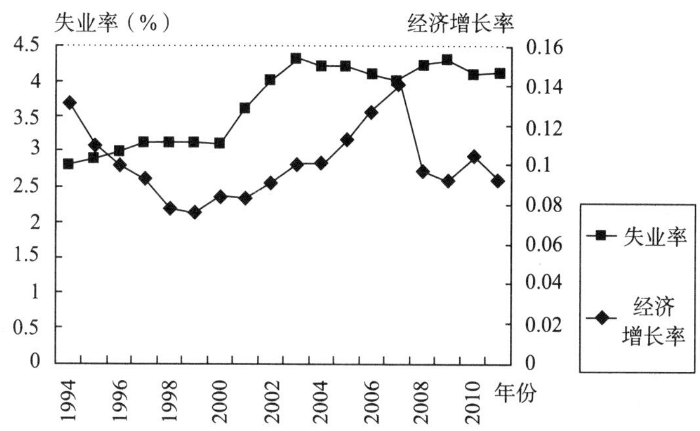

图 5-1 中国的经济增长率与城镇登记失业率变动情况折线图（1994—2011）

资料来源：中经网统计数据库。

菲利普斯曲线

菲利普斯曲线是一条表示通货膨胀与失业之间关系的曲线。1958 年，菲利普斯 (Phillips) ⑦写了一篇有关失业率和货币工资变动率的文章，他基于 1861—1957 年英国的数据，发现这两个变量之间存在显著的负相关关系。1960 年，保罗·萨缪尔森（Paul Samuelson）和罗伯特·索洛（Robert Solow）用美国的数据对菲利普斯的上述发现进行了检验，结果发现该结论也适用于美国，并将其称为“菲利普斯曲线”。因为货币工资变动率和物价变动乃至通货膨胀之间有着密切的关系，所以，他们将这个结论推广到失业和通货膨胀这对更重要的变量的关系上。这种相关性背后的理论基础是，经济总是受到来自总需求方面的冲击，而总需求和失业负相关，同物价水平正相关。因此，失业与通货膨胀在一定情况下呈现出此消彼长的关系。这一定理与强调总需求不足的凯恩斯理论不谋而合，很快成为新古典综合派的理论基础。对信奉凯恩斯理论的决策者来说，通过需求管理的政策（货币政策和财政政策）来影响总需求，可以使经济中的通货膨胀率和失业率处于一个相对合理的区间，也就是说，经济中的重要宏观变量本质上是可以进行选择和调控的。菲利普斯曲线的含义简单直接，内容一目了然，一经推出，就大行其道，它既为政府干预经济提供了理论工具，也使干预者坚定了信心，让越来越多的国家在这条路上越走越远……

科学的理论总会有异议，反对的声音一直都在。第一次有力的反击正好出现在十年之后的1968年。弗里德曼（M. Friedman）和费尔普斯（E. Phelps）在各自的研究中发现，菲利普斯曲线仅在短期成立，长期中的失业率和通货膨胀率之间没有关系，因为前者和潜在GDP有关，后者和货币有关，而潜在GDP同货币无关。弗里德曼的反击反响更大，可以列为20世纪最重要的宏观经济学或者经济学论文之一。[⑧]一个（失业）是与货币无关的实际变量，一个（通货膨胀）是与货币有关的名义变量，它们之间怎么可能有什么关系呢？好比你家距离单位有1,000米（名义的），要走2,000步，这是个"实际变量"。如果度量单位"米"变了，变成原来的1/10，现在到单位就有1万"米"了，去趟单位也不需要多走几步路，还是那2,000步。这里的"米"和"元"一样，都是度量单位，都是可以调整和改变的，而实际变量则不然。到了20世纪70年代初，西方世界进入了由"石油危机"引发的经济衰退——"滞涨"中，这是高失业和高通货膨胀并存的一种现象，也证明了弗里德曼等人观点的正确。再后来，卢卡斯（Robert Lucas）、萨金特（Thomas Sargent）等人又发展出建立在"理性预期"基础上的"新古典宏观经济学"，他们的一个重要的结论是，菲利普斯曲线在短期也不成立！[⑨]80年代初，美联储主席沃尔克领导的反通胀的经历，也证实了理性预期学派的正确。理论研究和经济现实的不断发展，使得坚持菲利普斯曲线的"凯恩斯学派"基本破产了。

图5–2简单给出了中国近几年的消费物价指数（CPI）和城镇登记失业率的变动趋势。因为数据单位相差很大，为了便于比较，我们使用了一个有双纵坐标的图形。左面的纵坐标表示CPI的变化，右边的是城镇登记失

业率的变动趋势。仅仅从图形上看，近二十年的 CPI 与失业率似乎呈负相关的关系，尤其是在 1994—2001 年这段时间，二者反方向变动的趋势相对明显一些，但之后有一段时期二者没有呈现出这种关系。图形分析虽然直观，但远不严密。短期菲利普斯曲线所确定的这种负相关的关系是否适用于中国，还有待学者做更进一步的严格的检验。毕竟与西方发达国家相比，中国还是一个不成熟的市场经济国家，政府对经济的干预较多，加上失业的统计口径也不一样，所以，适用于西方国家的经济规律，有可能并不适用于中国。但无论如何，菲利普斯曲线所阐述的经济规律对于我们理解整体经济运行情况是非常重要的——特别是考虑到中国的市场化改革方向。

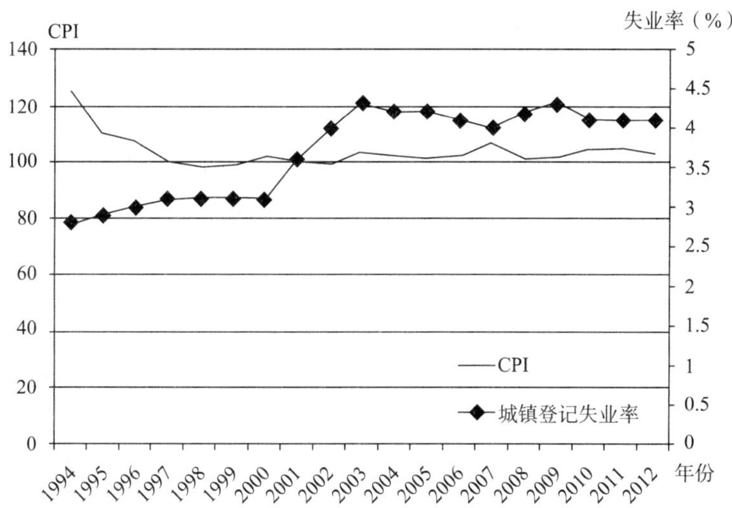

图 5-2 中国的 CPI 与城镇登记失业率变动情况折线图 (1994—2012)

资料来源：中经网统计数据库，万德数据库。

大学生的就业

几年前，北大毕业生卖猪肉的事件曾经备受关注，而如今，一些大学毕业生找不到工作，卖包子油条，去建筑工地打短工，或者回乡务农，都已经屡见不鲜，且有愈演愈烈之势，对原来“精英教育”体制下成长起来的那部分人来说，现在的大学生就业确实让人跌破眼镜。最近一两年，这一问题愈发突出，在毕业生嘴里，年年都是“最难就业季”。什么原因造成了大学生就业难的状况呢？

首先是供给短时间内迅速增加，人才总量与经济发展不适应。20 世纪末的两次史无前例的扩张（招），使得中国的高等教育在短时期内从“严进宽出”的“精英教育”过渡到“宽进宽出”的“大众教育”。据统计，1999—2003 年，普通高校招生人数平均年增长率达到 27%，2003 年的招生人数是 1998 年的 3.5 倍。与 1994 年相比（中国在 1994 年对高等教育的学科进行了重新调整），2003 年各专业在校生人数上升速度最快的是法学专业，为 6.6 倍，经济和管理学专业 6 倍，教育学和文学专业约 5 倍，理学、工学和医学专业 3 倍多，农学专业 2 倍多，历史学专业 1 倍多，哲学则相当于 1994 年的 0.8 倍（见表 5-3）。从人才结构和经济结构总量匹配的角度看，即便之前存在人才缺口，高校毕业生如此激增恐怕也超出了社会经济的需求。

表 5-3　普通高等学校各专业在校生人数变化（单位：万人）

专　业	2003	1994	2003/1994
哲　学	0.60	0.74	0.81
经济和管理学	238.84	39.65	6.02
法　学	56.09	8.5	6.60
教育学	59.21	11.79	5.02
文　学	171.92	35.03	4.91
历史学	5.67	5.06	1.12
理　学	100.45	31.47	3.20
工　学	369.34	111.76	3.31
农　学	24.97	11.12	2.25
医　学	81.47	24.75	3.29

资料来源：国家统计局，《中国统计年鉴：2004》。

随着中国的高等教育史无前例地扩张，越来越多的高校毕业生加入到“毕失族”的队伍中，毕业也就意味着失业，表 5-4 和图 5-3 分别从不同角度给出了中国大学毕业生的就业情况。

表 5-4　2011 届中国大学毕业生失业率最高的 10 个专业

排名	专业	失业率
1	生物科学与工程	14.9%
2	美术学	14.7%
3	数学与应用数学	14.5%
4	法学	14.2%
5	教育学	13.4%
6	历史学	13%
7	应用心理学	13%
8	动画	12.9%
9	生物技术	12.8%
10	地理信息系统	12.8%

资料来源：国家统计局，《2012年中国大学生就业报告》。

第二个原因则在于结构不匹配，也就是说毕业生的专业结构和社会的需求不匹配。中国的高校扩张以普通本科高校为主，专业和职业教育发展缓慢滞后。而一个正处于工业化或后工业化的社会对后一种人才的需求可能会更大，于是出现了通用人才过剩而技术工人短缺的局面，这种现象已经出现很多年了，至今也没有缓解的迹象，反而愈演愈烈。

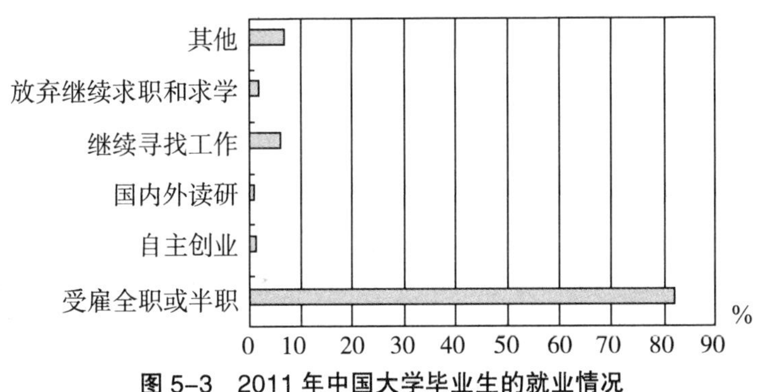

图 5-3　2011 年中国大学毕业生的就业情况

资料来源：国家统计局，《2012年中国大学生就业报告》。

失业的治理

我们在前面对失业进行了简单的划分，并了解了每一种失业的成因，实际上，知道了原因，也就大概清楚该如何治理了。

工人想找到更适合自己的工作岗位或用人单位想找到更适合的工人都要花一定的时间，这是形成摩擦性失业的主要原因。那么，要想减少或者缩短此类失业，提供相关的就业或者工作岗位的信息就十分必要了，这能让劳动者和用人单位更快找到自己心仪的对象。中国有大量的农业人口涌入城市，而农民在进城务工之前往往并不知道哪里有适合他们的工作，跟随老乡或者投亲靠友是他们选择务工地点的主要方式，可这样的流动具有一定的盲目性；用人单位也有这样的苦恼，缺人手但往往一时之间又不知道去哪里找。发展劳动力市场中介，政府劳动部门提供必要的就业和用工信息，都会减少这类摩擦性失业。

结构性失业一方面是由于人才的知识结构和经济结构的变化不一致所致。例如，在城市化进程中，农业是所谓的夕阳产业，所需的劳动人口会越来越少，服务业是朝阳产业，但我们显然无法把过剩的农民简单地安排在城市里的服务业中就业，因为那些行业所需要的技能不是一个在家种地的农民所能掌握的，仅仅能吃苦、肯干活是不够的。一个农村妇女不可能一进城就成为一名合格的保姆，毕竟城里人的生活和饮食习惯与农村不同，对衣食住行的要求也不一样。要成为有一定技术含量的月嫂就更难了。做这样的工作，必须事先进行一段时间的学习和实践，并在劳动中逐渐地积累经验。难怪进城务工的农村女性不少，可城里好的保姆和月嫂仍然十分稀缺、工资奇高，市场上缺少专门培训机构是造成这种局面的一个原因；政府也可以为她们提供免费有效的培训，而这也是促进城市化进程的措施。

还有些结构性失业是因为实际工资高于均衡工资而导致劳动力供大于求造成的。在市场上，如果出现了供大于求的过剩，价格就会自动向下调整，劳动力市场也是如此。但工资之所以没能够下调，是因为某些制度或安排使然，例如工会、最低工资标准和效率工资。基于简单的经济学知识，我们知道，工会和最低工资标准一样，都是政治经济学问题，它们的存在有利有弊，既保护了一部分人的利益，也伤害了另一部分人的利益。工会会员的高收入是以非工会会员失业为代价的，而工会作为劳动力市场的卖方垄断组织，会降低市场效率。最低工资标准的提高虽然使一部分在业人员的收入提高，却造成另一部分原本能就业的工人失业。即便在西方发达国家，这两种现象也普遍存在，经济学上争议较大，是一个难题。而效率工资常常是由信息不对称所引起的，想办法增加有效的信息量是解决问题的关键之道。

最后说一个有趣的现象。最近几年，中国各地纷纷上调各自的最低工资标准，如果按照经济学教科书上提供的答案，失业应该变得越来越严重，很多经济学者为此忧心忡忡。可一段时间下来，我们没有发现失业变得越来越严重，反倒是城里的大街小巷贴满了招工广告，这是怎么一回事呢？最低工资保护的是低收入人群，为此，我们曾去所在城市的几个劳务市场对招工单位和求职人员进行了调查，发现不是教科书错了，而是中国的最低工资标准设定得太低，远低于国际上的一般水平。以大连市为例，2013年市内四区的最低工资标准为1,300元，远远低于调查中供求双方所要求的工资水平。我们说过，最低工资标准本质上是一种价格下限或者最低价格，只有当这个最低工资高于劳动力市场上的均衡工资的时候，这个规定才能起作用，而一旦低于均衡工资，无外乎一纸空文。

第六章　通货膨胀

1923年的德国街头，一位妇女推着满满一车的“货物”吃力地行走。突然，街边闪出了一个小偷，趁其不备，一脚将车踹翻，奇怪的是，他置满地的“货物”而不顾，反倒是推着手推车狂奔而去，更让人奇怪的是，这满地的“货物”，竟是清一色的马克——德国社会当时的官方货币。同样是那个年代，一位家庭主妇正在煮饭，她宁愿不去买煤，而是烧那些可以用来买煤的纸币。到了发工资的时候，人们领到工资后就以百米的速度冲到商店，跑得稍慢一点，东西的价格就涨一大截。当时，有些儿童玩堆积木游戏时所用的“积木”也非常特殊，不是木质的，而是“钱质”的。一战后的德国富得流油吗？恰恰相反，我们知道的实际情况是，穷得叮当响。

说起街头小偷，我倒想起一个江洋大盗，他能“万花丛中过，片叶不沾身”，掠人财富却常常不留丝毫印迹，他，就是通货膨胀！而通货膨胀，正是造成当时德国人“穷得只剩下钱了”这一境况的罪魁祸首。

通胀意味着扩张，就像一个被吹进空气的气球一样不断变大。在经济学中，通货膨胀就是指流通中的货币太多了。在一个经济体内，如果流通中的货币和信贷总量增长过快，而商品和服务数量增加较慢，就会导致价格总水平的上涨。但在这里，我们需要搞清楚，通货膨胀和价格上涨并非同一回事，前者是因，后者是果。①

实际上，货币供给扩张导致价格总额上涨的原因很简单，因为货币的供给是与商品的供给相联系的，如果流通中的货币增加了，而商品数量不变，那么购买同等商品就需要更多的货币。换句话说，与待售的商品相比，货币的价格下降了。这是一个很简单的供求关系，即便是收集邮票或者其他藏品的孩子也能明白，如果某种邮票数量太多，它的价值就会下降。邮票的价值取决于其数量的多少。在市场上，一种商品供大于求，价格自然下降。对于货币来说，也是同样道理。②

何为通货膨胀呢？从经济学的角度来看，通货膨胀就是指一个经济体在一段时间内货币数量增速大于实物数量增速，物价水平普遍上涨，于是，单位货币的购买力下降。换言之，通货膨胀就是指整体物价水平持续上涨，但人们的购买力下降了。通货膨胀是一个价格持续上涨的过程，也是一个货币持续贬值的过程。用寻常百姓的话来说，通货膨胀就是“什么都涨价了”，“物价一个劲儿地上涨，居高不下”。在理论上，物价上涨也的确是通货膨胀的一个重要标志。

物价上涨对老百姓来说，就意味着钱不值钱了。一战后的德意志帝国被推翻。昙花一现的魏玛共和国经历了一次历史上最引人注目的超速通货膨胀。在战争结束时，同盟国要求德国支付巨额赔款。这种支付引发了德国的财政赤字，德国最终通过大量发行货币为赔款筹资。从 1922 年 1 月到 1924 年 12 月，德国的货币数量和物价都以惊人的比率上升。例如，每份报纸的价格从 1921 年 1 月的 0.3 马克上升到 1923 年 9 月的 1,000 马克、10 月 1 日的 2,000 马克、10 月 15 日的 12 万马克以及 11 月 17 日的 7,000 万马克。在危机最严重的时候，通货膨胀率每月高达 2,500%。工人们的工资一天要分两次支付，到了傍晚，一个面包的价格等于早上一幢房屋的价值。

通货膨胀的含义

定义

通货膨胀是一种货币现象，指货币发行量超过流通中实际所需要的货币量而引起的货币贬值现象。通货膨胀与物价上涨是不同的经济范畴，但两者又有一定的联系，通货膨胀最为直接的结果就是物价上涨。所以，有时候我们又把“物价普遍而持续的上涨”叫作通货膨胀。这里面有两个要点：首先，是物价的“普遍”上涨，不是单独的、个别的一两种商品的价格上涨。例如，非典时期的口罩和板蓝根涨价，泰国曼谷洪水导致的电脑硬盘涨价，日本福岛核泄漏导致的苹果手机涨价，以及中国的农贸市场上屡见不鲜的“姜你军”、“蒜你狠”、“豆你玩”等现象。这些因为某种意外因素的冲击而导致某种（或少数几种）商品一夜暴涨的现象都不能称为通货膨胀。不过有些时候，如果像粮食和原油这样的一些基本的生活物资价格上涨的话，会导致很多商品都跟着涨价，进而出现通货膨胀。例如，在1973年的第四次中东战争期间，石油输出国组织（OPEC）为了打击以色列及相关国家而实施石油禁运，导致原油价格上涨，这是后来西方世界出现滞涨（高失业和高通货膨胀的混合）的主要原因之一。其次，是“持续”而不是短暂的价格上涨。一夜暴涨又迅速跌回原形的商品不在少数，恶劣天气、交通中断、游资炒作乃至坊间谣言等等，都可能造成这样的结果。这种因偶然因素所造成的商品价格的短时间上涨并不包括在通货膨胀的范畴内。

核算

通货膨胀率是货币超发部分与实际需要的货币量之比，用以反映通货膨胀、货币贬值的程度；而价格指数则是反映价格变动趋势和程度的相对数。经济学上，通货膨胀率为物价水平的上涨幅度。以气球来类比，若其体积大小为物价水平，则通货膨胀率为气球膨胀速度。或者说，通货膨胀率为货币购买力的下降速度。

在实际生活中，一般不直接也不可能计算出通货膨胀率，而是通过价格指数的增长率来间接表示。由于消费者价格是反映商品经过流通各环节形成的最终价格，它最全面地反映了商品流通对货币的需要量，因此，消费者价格指数是最能充分、全面反映通货膨胀率的价格指数。目前，世界各国基本上均采用消费者价格指数（中国称居民消费价格指数，也即CPI）

来反映通货膨胀的程度（见表 6–1）。计算公式为：

$$通货膨胀率 = \frac{本期价格指数-上期价格指数}{上期价格指数} \times 100\%$$

需要注意的是，通货膨胀率不是价格指数，即不是价格的上涨率，而是价格指数的上涨率。其中，基期就是选定某年的物价水平作为一个参照，这样就可以把其他各期的物价水平通过与基期水平做对比，从而衡量各期的通货膨胀水平。上面所说的通货膨胀率是基于消费者价格指数计算的，这种方法最常用，此外还有基于 GDP 平减指数和生产者价格指数来计算的。

表 6–1　基于消费者价格指数计算的主要经济体的通货膨胀率（2002—2010）

国家或地区	2002	2003	2004	2005	2006	2007	2008	2009	2010
中国	-0.77	1.16	3.88	1.82	1.46	4.75	5.86	-0.7	3.31
巴西	8.45	14.72	6.6	6.87	4.18	3.64	5.66	4.89	5.04
俄罗斯	15.79	13.68	10.86	12.68	9.68	9.01	14.11	11.65	6.86
韩国	2.76	3.51	3.59	2.75	2.2	2.54	4.7	2.8	2.93
加拿大	2.26	2.76	1.86	2.21	2	2.14	2.37	0.3	1.78
美国	1.59	2.27	2.68	3.39	3.23	2.85	3.84	-0.36	1.64
墨西哥	5.03	4.55	4.69	3.99	3.63	3.97	5.13	5.3	4.16
日本	-0.9	-0.25	-0.01	-0.27	0.24	0.06	1.38	-1.35	-0.7
印度	4.39	3.81	3.77	4.25	5.8	6.37	8.35	10.88	11.99
英国	1.26	1.36	1.34	2.05	2.33	2.32	3.61	2.17	3.29
越南	3.83	3.22	7.76	8.28	7.39	8.3	23.12	7.05	8.86
中国香港	-3.06	-2.5	-0.45	0.9	2.11	1.96	4.26	0.61	2.34

资料来源：世界银行发展指标（WDI）。

成因："货币数量论"

大卫·休谟（David Hume）等古典学者提出了货币数量论，后来经费雪和弗里德曼的发展，目前被认为是解释长期中的通货膨胀成因的最好理论。该理论认为，名义收入是货币数量决定的，于是有：

$$P \times Y = M \times V$$

其中，P 是一般价格水平（物价），Y 是实际的总产出（或收入），M 代表货币数量，V 是货币流通速度。

该理论假设，经济中的各种价格都是灵活调整的，也就是说，工资和价格具有弹性，市场随时出清（即供求相等，没有过剩和短缺出现）；货币中性，即货币数量只影响名义变量（如物价水平和名义 GDP），不影响实际变量（失业、实际 GDP 等）。该理论表明，当货币数量 M 翻倍的时候，MV 进而 PY 也翻倍。而根据古典二分法，货币数量变化不会影响 Y，因此，只会带来一般价格水平 P 的翻倍。

同样根据上面的公式，我们能得出其变化率的关系：[③]

P 的变化率 +Y 的变化率 =M 的变化率 +V 的变化率

一般来说，货币流通速度是不变的，因此其变化率为 0，于是有：

通货膨胀率 π = P 的变化率 = M 的变化率 − Y 的变化率

长期来看，如果一国的 Y 的变化率（也就是实际 GDP 的增长率）变化不大的话，则通货膨胀率几乎完全和货币数量的增长率有关。

图 6-1 给出了中、美两国近一段时间的货币发行量，尽管我们没有将货币单位统一（中国和美国的单位分别为元和美元），但仅仅从曲线的变化趋势上就能看出 M2（广义货币量）的增长率的大小。美国的美联储独立性很强，每年的货币发行量变动很小，基本上和经济增长率保持一致，进而在图 6-2 中的通货膨胀率比较低；中国的情况不同，尽管经济增长率高，但货币发行量的增长速度更快，近十年为 18%，进而导致在个别年份，通货膨胀比较明显。

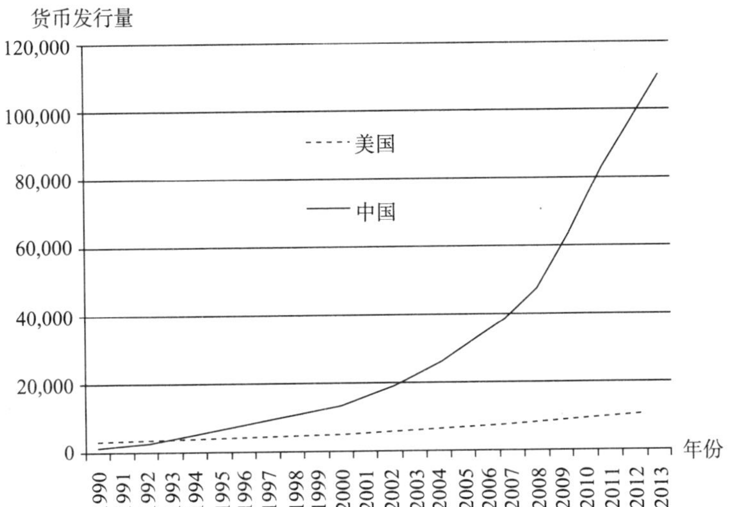

图 6-1　中国和美国的货币（M2）发行量比较（1990—2013，单位：10 亿元或 10 亿美元）

资料来源：中经网统计数据库。

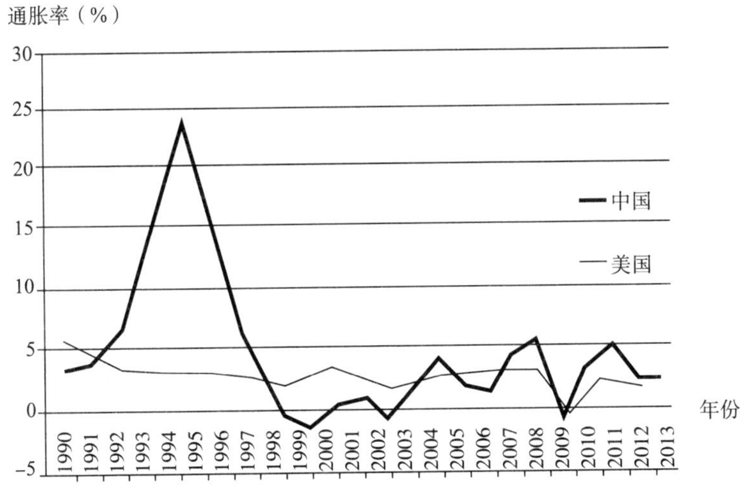

图 6-2　中国和美国的通货膨胀率比较（1990—2013）

资料来源：中经网统计数据库。

通货膨胀的分类

观察通货膨胀可以有不同的视角，所以，通货膨胀的分类标准很多，但每一种分类方法都为我们理解通常的原因和影响提供了帮助。下面我们了解一下几种常见的分类。

按成因分类

前面刚刚介绍过的货币数量论是解释长期通货膨胀成因的理论。对于短期来说，鉴于总需求和总供给模型是分析短期经济波动的重要工具，所以我们就在这个模型基础上进行解释。④

需求拉动型通货膨胀。是指因为总需求增加而引起的物价上涨。当总需求因为某种原因增加的时候，如总供给不变，则会出现产出和就业增加、物价上涨的结果。而总需求增加的原因可能是：扩张性货币政策造成的货币发行量增加，扩张性财政政策造成的政府购买增加或者减税，投资过热，净出口增加等等。尤其是在经济已经实现了充分就业的情况下，如果总需求增加，物价会更快地上涨，产生通胀。另外，政府可能会采取超发货币的方式来弥补财政赤字，这种“通胀税”本质上也是需求拉动型的通货膨胀。难怪美国经济学家萨金特说，通货膨胀是一种财政现象。

成本推动型通货膨胀。总需求不变的情况下，如果出现了负的供给冲击，同样也会导致通货膨胀。只不过这种通货膨胀同时伴随着产出水平下降和失业增加，这种高失业和高通货膨胀并存的现象叫作“滞胀”。美国在1973年的“石油危机”以及2008年的“次贷危机”中所面临的就是这样一种情况。

负的总供给冲击常常源自要素价格上涨所导致的成本增加（例如工资上涨），或者自然灾害造成的产出减少。深受高就业水平鼓舞的工会组织频频施压，导致工资增长率超过劳动生产率的提高，致使企业的单位生产成本上升，而生产成本的上升又被转嫁给价格。这一机制并非在对劳动力的需求增大、“雇主为招工四处奔波”的情况下才会启动，只要工资能按物价上涨幅度得到上调，它就将持续运转。因此，在总需求不变的情况下，通货膨胀仍有爆发的可能。[⑤]

在国际金融危机背景下，国际大宗商品价格的波动日益剧烈，这对原材料和农副产品进口依赖度较高的中国来说，必然会影响企业的生产成本，进而影响物价水平。与此同时，随着中国人口红利的逐渐消失及刘易斯拐点的到来，劳动力成本已经进入了持续上升的通道，由劳动力成本上升引致的产品成本的上升，进而推高物价水平的压力将日益显现。

结构型通货膨胀。是指在没有需求拉动和成本推动的情况下，由于社会经济部门结构失衡而引起的物价普遍上涨。这种类型的通货膨胀一般在发展中国家较为突出。造成这类通货膨胀的原因如下：一是国内某些部门，甚至某些大宗关键产品需求过多而供给不足，导致价格猛涨，并且扩散到其他部门产品的价格上，从而使一般物价水平持续上涨；二是国内各部门劳动生产率发展不平衡，导致劳动生产率提高较快的部门货币工资增长后，其他部门的货币工资也随之增长，引起价格上涨，从而使一般物价水平普遍上涨；三是开放型经济部门的产品价格受国际市场价格水平影响而趋于提高时，会波及非开放型经济部门，从而导致一般物价水平的上涨。

从 20 世纪 90 年代末到新千年的第一个十年，中国维持着 10% 左右的经济增长，而通胀率却一直保持在 2%—3% 的区间内，“高增长、低通胀”这样看似良性发展的局面，背后却存在着劳动者工资较低和生产要素价格不够合理的隐忧，换句话说，中国是在通过控制生产要素价格和工资的涨速，来实现对出口和投资的补贴。而在 2010 年这次通货膨胀的过程中我们看到的全国范围内大面积劳动力工资和土地价格的上涨，从某种程度上，正是为之前的价格机制扭曲“还旧账”。从这个角度来说，中国的通胀压力自此步入“结构性”拐点。

按速度分类

通货膨胀还可以根据物价上涨的幅度来分类。用音乐语言表示的话，首先是“柔板”，指陷身暗处、未露狰狞的隐性通货膨胀（温和的通货膨胀），它尚处于酝酿阶段，但已显出先兆征迹；然后是“行板”，指行进中的通货膨胀，其浪头显而易见，人们称其为开放性或暴发性通货膨胀（急剧的通货膨胀）；最后是“急板”，指恶浪滔天的奔腾式通货膨胀，也就是恶性通货膨胀。

如果允许，还可用动物比喻通货膨胀。温和的通货膨胀好比爬行类，匍匐前进；暴发性通货膨胀如同脱缰野马，狂奔急驶；恶性通货膨胀如山羊般任意蹦跳……⑥

温和的通货膨胀。其特点是价格上涨缓慢且可以预测，可以近似定义为年通货膨胀率为一位数的通货膨胀。此时物价相对来讲比较稳定，人们对货币比较信任，乐于在手中持有货币，因为这些钱的价值在一个月或一年中不会有太大变化。人们会很愿意签订以货币计量的长期合同，因为他们有把握肯定自己买卖的商品价格不会超出现行价格水平太多。

暴发性通货膨胀。当价格总水平以每年二位数或三位数的速率上涨时，便会出现严重的经济扭曲。一般来说，大多数经济合同都会用某种价格指数或某种外币加以指数化。在这种形势下，货币贬值非常迅速，人们仅在手中保留最低限度的货币以应付日常交易所需。他们倾向于囤积商品、购置房产，而且绝不会按照很低的名义利息出借货币。但一般情况下，经济仍然能够快速增长。

恶性的通货膨胀。这种通货膨胀会使整个经济窒息。在这种局势下，各种价格每年甚至会以难以想象的千倍、万倍甚至更惊人的速率持续上涨，市场经济会被严重摧毁。

2008 年 5 月 6 日，津巴布韦政府开始发行面额为 1 亿和 2.5 亿的两种钞票。不过，津巴布韦的货币面值还不是“世界之最”，中国货币史上曾出现过一张面值“60 亿”元的金圆券，那是 20 世纪 30 年代中期由国民党政府统治下的新疆发行的，据说这张 60 亿面值的金圆券在当时的上海市场上也只能买到区区 70 粒大米。但真正世界之最当属二战后的匈牙利。世界大战令该国货币严重贬值。1946 年 6 月，匈牙利发生了史上最糟糕的通货膨胀，该国曾发行 10 的 21 次方便戈[⑦]的钞票。

要说最“经典”的通货膨胀莫过于发生在两次世界大战之间德国的恶性通货膨胀，就连钞票本身也先是改成单色油墨印刷，继而又改成单面印刷——因为来不及晾干。更有甚者用马克代替木柴，投入火炉中烧火取暖，因为这样更划算一些。

按预期分类

根据价格上涨是否被预测到，还可以将通货膨胀分为预期到的通货膨胀和未预期到的通货膨胀。一般认为，预期到的通货膨胀对经济效率以及财富和收入的分配影响不大，价格仅仅成为人们调整自己行为的可以变动的标准。而事实上，大多数通货膨胀都是不可预期的，这也是公众排斥它的原因。例如，你在银行存款，如果实际通货膨胀率高于预期通货膨胀率，那么实际利率就会低于你的预期，从而使你遭受损失，这时，你的损失就是银行的所得。相反，如果实际通货膨胀率低于预期，这时，你所取得的实际利率以及银行所支付的实际利率都将高于预期。

通货膨胀的影响

在前面的分类中可以看到，如果通货膨胀是预期到的，其影响就小一些，如果没有预期到，影响就会很大。一般来说，预期到的通货膨胀的影响主要体现在对经济效率的影响上；而对未预期到的通货膨胀来说，影响可能还包括财富和收入的再分配以及不确定性的增加。

对经济效率的影响

通货膨胀对经济效率的影响主要体现在三方面：扭曲市场价格信息、造成不必要的社会成本以及对税收机制的扭曲。

个体决策的依据是商品的相对价格，通货膨胀会改变相对价格，进而使得原有的资源配置无效率。人只有随之改变，才能实现最优。但相对价格的变化常常混乱无序、难以适从，所以市场经济运行的效率将降低。

通货膨胀使得现金的价值流失，导致人们减少手边的现金持有量，也就是说，人们会在价格进一步上涨之前把手里的尚未贬值的现金花掉，频繁地进出银行。类似地，通货膨胀也使得各公司以引进电脑化的现金管理系统或增加会计部门的人手等方式来减少其现金持有量。这种因人们或公司试图最小化现金持有量而投入的时间和付出的成本称为“鞋底成本”。实际资源仅仅被用来适应不断变化的货币尺度，而不是被用来进行生产投资。对于温和的通货膨胀率来说，鞋底成本虽少，但也不是完全可以忽略的。例如，一个10%的完全预期的通货膨胀的鞋底成本经估算大约为GDP的0.3%，在美国等于每年400亿美元多一点。除了“鞋底成本”之外，还有一种“菜单成本”，也就是改变名义价格的成本：当存在通货膨胀且价格持续上涨时，商品和服务的销售者必须花一定的时间、精力和代价来改变名义价格。

另外，通货膨胀期间，你的名义收入提高但实际收入可能不变或者下降，而所得税的税率一般是累进的，名义收入增加会让你面临着更高的税率，所需要缴纳的税也增加了。通货膨胀对税收这种扭曲还体现在对投资行为的抑制方面。因为价格翻倍，股票的名义价格也翻倍，卖掉股票不能让你的状况变好，但所需要缴纳的资本利得税却增加了。

对财富和收入分配的影响

通货膨胀是货币价格相对于商品的降低，即其购买力的降低，因此，它对货币持有者肯定是不利的。所谓的“通货膨胀税”即是如此。

一般来说，非预期的通货膨胀会将财富从债权人手中再分配给债务人。假定你为一所房屋借款十万，每年偿还一万元；倘若大规模的通货膨胀突然将所有的工资和收入都翻了一番，而你需要偿还的贷款名义上还是每年一万元，就相当于你的贷款的实际成本只有原来一半。假使你是债权人，且持有固定利率的抵押贷款或长期债券作为资产，突然的通货膨胀则会使你的财富缩水，因为别人还给你的钱的实际价值或购买力大不如前。

通货膨胀与其他经济数据的关系

当一个经济中的大多数商品和劳务的价格在一段时间内持续普遍上涨时，人们便会开始慢慢感受到通货膨胀的降临。说到通货膨胀，人们难免会想到 CPI、PPI 等可以反映通货膨胀状况的指标；再深入想想，与之相关联的还有 GDP、M2 以及失业率等经济数据。这些指标与通货膨胀之间都有十分密切的关系。

CPI 与通货膨胀的关系前文已有所提及。而与 CPI 密切相关的一个指标是 PPI，即生产者价格指数，它主要用于衡量各种商品在不同生产阶段的价格变化情况。与 CPI 一样，PPI 也是观察通货膨胀的重要指标，而且我们一般认为，PPI 对 CPI 具有一定的传导作用，所以，在分析观察通货膨胀时，不妨综合考虑 PPI 和 CPI 的数据以及它们之间的相关性。

在短期经济波动中，我们一般说，通货膨胀是个“顺周期”的指标，也就是说，它和 GDP 的变动常常正相关。经济过热往往伴随着物价上涨，而经济低迷常常会出现通货紧缩（负的通货膨胀）——改革开放以来，中国经济就经常出现这一现象。当然，这种关系不是绝对的。如果在经济衰退中出现了通货膨胀，那就是滞胀（后面的章节中会详细介绍）。

再说说货币供应量，M2 是广义上的货币供应量，通常我们认为货币的过量发行是导致物价水平上涨的直接原因。货币的过量发行使得货币贬值进而物价上涨，而持续的物价上涨就是通货膨胀。

通货膨胀的治理

知道了通货膨胀的长期和短期的原因，我们也就知道了如何防范它。

长期来看，既然货币超发是原因，那就要控制货币的发行量，或者使用所谓的“单一货币规则”来稳定货币的发行量，使通胀在长期可控、可预测。不过，这常常要依赖中央银行的独立性，大量研究表明，中央银行越独立，通货膨胀可能会越轻微，越不可能出于减轻政府预算赤字的原因而制造“通胀税”。可现实中，中央银行常常会面临来自政府的压力。中国人民银行本身就是政府的一个部门，其独立性只能是一定限度的。

短期的通货膨胀常常是由于总需求或者总供给的不利冲击造成的。对于需求冲击，干预主义者的解决之道就是动用财政政策或货币政策。经济过热，物价飞涨，就采取紧缩性的宏观经济政策来降低总需求，当然，这一措施的代价是产出和就业的减少，就是短期菲利普斯曲线所表达的关系。对于负的供给冲击（也就是滞胀），上述干预主义者的宏观经济政策无效。宏观经济学的新古典学派认为，控制货币发行量，稳定人民对价格的预期，才是解决问题的关键。其背后的机理是尽力降低菲利普斯曲线以缓和通货膨胀。

实践中，为了尽量避免通胀带来的不利影响，很多国家引入了“指数化”机制。指数化是一种能对工资、物价以及各种合约因价格水平变化而遭受的损失予以部分或全部补偿的机制。这种机制发挥作用的典型方式是（以劳动合同为例）：如果不发生通货膨胀，企业在下一年将给工人增加 2% 的工资，但倘若在今后 12 个月内物价上涨 4%，那么，企业就会在增加 2% 工资的基础上再增加 4% 的工资，作为对生活费支出的补偿。但这种策略也会产生严重的弊病，通俗地讲就是“治标不治本”。指数化保证了一定水平的实际收入，但这部分收入可能根本不具有生产性。指数化范围越大，通货膨胀的冲击就越会像传染病一样在经济生活中更广泛蔓延。

回忆一下改革开放的通胀史，我们发现，中国的通货膨胀有其必然性的一面，也有其特殊的一面，例如，由计划经济向市场经济转轨，高投资驱动下的高增长，政府规模过大，中央银行独立性差，经济结构和发展方式不合理，等等。作为普通的消费者，我们不会希望几代人辛苦赚来的财富被通货膨胀一步步地蚕食掉。通货膨胀固然复杂，但还不是一个完全不可控制的经济难题。长期来看，控制住货币发行量，建立一套可信的货币发行机制，通货膨胀或许在不久的将来就会离我们渐行渐远……

第七章　利　率

人的很多经济决策要涉及多个时期，典型的如投资行为。在这类跨期决策中，利率扮演着至关重要的决策。下面几个常见的例子都说明了这一点。

在文艺作品中，白人侵占美洲印第安人的土地的过程充满了血腥和暴力。可实际上，在早期，特别是白人的武器尚未装备精良之际，赎买倒是一种更常见的方式，而印第安人因为土地较多，似乎也愿意卖地赚钱。1794 年，美国与易洛魁族联邦签订合约，以每年向后者支付 4,500 美元的代价购买其土地。今天看来，这块地买的是便宜了还是贵了呢？①

第二个例子和教育有关。现代经济学认为，教育也是一种投资，称作人力资本投资。既然是投资，主要的影响因素就是预期的收益和利率。父母和老师总是不停地鼓励你多读书，上大学，哪怕是大学毕业了，他们甚至还建议你读研究生。不过，在全球经济形势尚不明朗的今天，很多人觉得这么做不再是明智之举。2010 年来自美国的一项调查显示，只有 64% 的人认为在目前成本上升的情况下，大学教育对年轻人来说是一项很好的投资，远低于 2009 年的 79% 和 2008 年的 81%。在中国，随着高校毕业生就业形式的严峻，研究生的报名人数也明显减少，那么，大学和研究生教育在经济上究竟值不值得呢？

在房价高企的今天，很多人投资房产，甚至把刚买的房子租给别人，相当于为房客提供一定时期的住房服务（按月份或年度出租的话）。为了换取这些住房服务，住户需要向你支付一定的租金。对于你来说，买房子然后再把它出租出去值得吗?

上述问题的投资答案，都和你在决策时所使用的利率有关。经济决策常常要涉及时间的概念，这就有了“现在”和“未来”之分，人的经济活动也多出了投资、储蓄等行为。一有时间的概念，利息和利息率（或利率）便应运而生，所以，有人说，利息是时间的价值。

利率的概念和种类

据说在很久以前，有的人会把自己手中的金子存放在身边可靠的金匠那里，不仅是打制首饰、金器的需要，更看重的是他那安全系数更高的金库。时间久了，金匠发现库里的金子总有一部分是闲置的，就灵机一动，将这些金子向外贷给需要的人以获取收益。“储户们”发现后，怕血本无归，就扬言要把金子取走，于是金匠向大家许诺，会根据存金量多少和时间长短，向他们支付一定的报酬。后来，无论有钱还是缺钱的人都会来找这家金铺。据说这就是银行和利息的起源。从这个故事中，我们发现利息产生的原因是：1. 投资收益。“储户”意识到，自己将金子借贷给他人也会产生收益；2. 投资风险。请金匠代为保管，是看中了他的更安全的金库，可一旦金匠把这些金子贷出去，就可能会在需要时无法拿回属于自己的金子；3. 人性不耐。人们偏好现金，是因为现金可以随时交易，但是当金匠许诺提供利息时，一部分人会愿意牺牲流动性来获得收益。

没错，即使不存在通货膨胀，多数人仍然会认为今天的一块钱要比明天的一块钱更值钱。你愿意今天就吃一根 5 元钱的冰淇淋，而不要等到 10 年后再吃，不是这样吗? 实际上，正因为人们认为今天的钱比未来的钱更值钱，所以，要想让别人借给你钱，你就必须在未来多还一些。

利率就是指偿还一定时期的借款时所必须额外多支付的百分比。

如果你把钱存到银行账户中，就相当于把钱借给了银行，这些钱反过来又会贷给那些想要买车、买房的人。为了能在一年中使用你的储蓄资金，银行同意支付你一定的利息，如3%。这就是说，银行承诺，在从现在起的一年内，你每存入一块钱，银行将偿还1.03元，如果你在储蓄账户中存入100元，那么你将得到100元加上3元的利息，即年底总共得到103元。

上面这种以货币表示的利率也被称为名义利率。与此对应的叫作实际利率，也就是以商品表示的利率。例如，当你借入一定的资本品后，到期时需要额外多支付的商品的比率。在阿凡提的故事中，有一则提到了农民向一个财主借了一只鸡，是母鸡。到期农民仍旧偿还一只母鸡，财主不同意，认为鸡生蛋，蛋又生鸡，鸡又生蛋……应该还无数只鸡和蛋。农民觉得冤枉上当，就来向阿凡提求救。经济学有放弃的最高收益为成本这一说，所以，今天看来，尽管地主的要求过分了，但农民仅仅还一只鸡的想法也站不住脚，如果这段时间，一只正常的母鸡的产蛋量为100的话，不考虑风险，还一只鸡加上100只蛋是起码的要求。这里，100只鸡蛋就是这次"借贷"的实际利息，而这利息与本金之比，便是实际利率。看来，实际利率应以所借资本品的投资收益为基础。

经济学中有一个著名的费雪方程式，总结了名义利率和实际利率之间的关系，即实际利率＝名义利率–通货膨胀率。这是20世纪20年代由美国耶鲁大学的经济学教授欧文·费雪（Irving Fisher）首先提出的，他以研究收入、资本、利率以及价格指数等问题而知名。

图7–1和图7–2给出了中、美两国近30年来名义利率和实际利率的趋势，两者缺口比较大的年份就是通货膨胀率高的时候，例如中国1988年的18%和1994年的24%，美国1980年的13%。当然，在两者差距比较小的年份意味着较低的通货膨胀率甚至是通货紧缩，例如中国1999年的–1.4%和美国2009年的–0.27%。

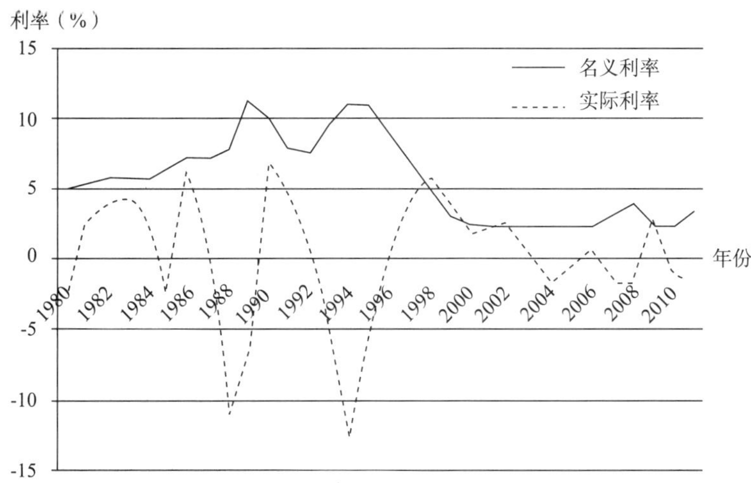

图 7–1　中国的名义利率和实际利率的变化趋势（1980—2011）

资料来源：Penn World Table 7.1.

除了名义利率和实际利率的区分之外，常用到的另外一种对利率的划分方式是单利和复利。单利容易理解，是借贷期限内只在原来的本金上计算利息，对本金所产生的利息不再另外计算利息。例如你借了 100 元，年利率 10%，两年后你就只需还 120 元。复利，与单利相比，区别是把本金产生的利息重新计入本金，重复计算利息，民间俗称“驴打滚”、“利滚利”。例如，在银行存入 100 元，利率为 4%，年底你可以将 4 元的利息取出而在账户中保留 100 元，这样第二年仍可以获得 4 元的利息，或者说中间不取出利息，一共存两年，银行按照 $2 \times 4=8$ 来向你支付利息，这就是单利。另一种情况是，在第一年你把 100 元和 4 元的利息都留在存款账户中，银行在第二年年底将以 104 元为本金支付利息。就原始存款而言，银行该给你 4 元的利息；而就第一年的 4 元利息而言，银行还该给你 0.16（4×0.04）元的新利息，总利息是 4.16 元。因此在第一年的年末，你的账户上有 104.00（100×1.04）元，第二年年末有 108.16（104×1.04）元，以此类推，第三年年末有 112.49 元，在第 t 年年末，你有 100×1.04^t 元。这种利息作为部分本金产生利息的累积方式叫作复利。

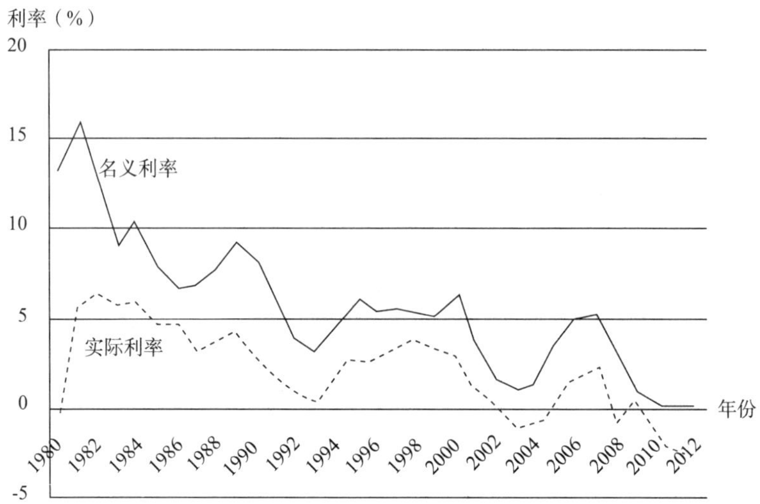

图 7–2 美国的名义利率和实际利率的变化趋势（1980—2012）

资料来源：Penn World Table 7.1.

复利的威力无穷。你可能听过很多关于复利的故事，例如我们开篇讲的那则关于印第安人买卖土地的故事，如果按 4% 的利率来计算并假设计算到 2004 年的话，从 1794 年到 2004 年共计 210 年，美国共支付了 827 亿美元，这笔钱数目不算太少吧？[②]无独有偶，之前荷兰人在 1626 年也曾用价值 24 美元的项链珠子和廉价饰品从早期的定居者手中买下曼哈顿。不过，说这笔买卖非常划算还为时尚早。如果当年这些印第安人有机会卖掉饰品，并且以 7% 的年利率投资于免税债券的话，到 2011 年这些债券的价值约为 4.9 万亿美元，远远超出了曼哈顿的估价。[③]

还有一个概念和利率有关，叫作贴现率。它是将未来支付变为现值所使用的利率，也反映了与即期（或现期）消费相比，远期消费在个人心目中的相对价值。每个人对未来的看法不同，有人目光长远，有人只看今朝。这种不同导致每个人的贴现率存在差异，而人的借贷意愿取决于贴现率高于还是低于市场利率。如果你的贴现率接近于 0，即对即期消费和远期消费的评价相同，你会很乐意把钱贷出去赚点利息；同样的道理，如果你的贴现率很高（认为即期消费比远期消费更有价值），你就会愿意以一个较低的利率借点款来满足即期消费。

利率联结着今天你存入银行的存款价值（即现值）和以后你将要得到的未来值（即现值加上利息）。理解了这种关系，我们就可以估计某些投资是否具有吸引力了，这些投资涉及在当期进行支付而在未来获益，或者，在当期购买而在未来进行支付等问题。掌握了利率和现值的情况，我们就可以计算出未来值；同样，知道了未来值和利率，我们也可以确定现值。

利率的决定

古往今来，很多经济学家都对利率的决定问题有所研究，提出的理论各不相同，我们下面来重点介绍几种利率决定理论。

古典学派的经济学家们提出了“储蓄—投资理论”，也称为“真实的利率理论”。他们认为在实体经济中，资本是一种生产要素，利息是资本的价格。投资来源于储蓄，储蓄是当期放弃的消费，利率在本质上是由于人们放弃了当期的消费而得到的报酬。投资者以投资于资本所得的收益（资本的边际生产力）来支付利息，储蓄者因为牺牲当期的消费而获得利息。该理论从储蓄和投资这两个实质因素来讨论利率的决定，认为通过社会存在的一个单一的利率的变动就能使储蓄和投资自动达到一致，从而使经济体系维持在充分就业的均衡状态；在这种状态下，储蓄和投资都是利率的函数，利率决定于储蓄和投资的相互作用。值得一提的是，古典学派基本上是货币中性论者，即他们认为货币供给的变动只会影响以货币衡量的名义变量，不影响实际变量，因而不影响实际利率。

现代宏观经济学的创始人凯恩斯不同意这种说法。他将心理因素分析引入了利率决定中，提出由货币供求来解释利率的决定。凯恩斯对古典利率理论以及前文提到的“人性不耐”等原因表示反对，他认为利息不是“等待”或“延期消费”的报酬。资金贷给他人，就会给自己带来不便，想买东西的时候没有钱。利率是人们对“流动性偏好”（不愿将货币贷放出去的程度）的衡量，利率的高低由货币的供求决定。因此凯恩斯认为利率就是使得公众愿意以货币的形式持有财富量（货币需求量）恰好等于现有货币存量（货币供应量）时的价格。现实经济中，货币供给由中央银行外生给定，常常固定不变，而利率的决定几乎完全单方面地取决于货币需求，所以，凯恩斯的利率决定理论的基础就是货币需求理论。在他看来，货币需求受交易动机（为了应付交易的需要而持有货币的动机）、预防动机（为预防意外而持有货币的动机）和投机动机（根据对市场利率变化的预期产生的持有货币的动机）影响。

假设你现在有 5,000 块钱。如果你迫不及待地想换一部手机，满足当前的交易需求，你打算存入银行的钱就会变少。或者你想在长假期间和朋友出去玩，将这笔钱作为旅游时的不时之需，你也不会动这笔钱。而如果你每天关注财经信息，渴望在股票市场或债券市场上赚点小钱，这笔钱也会派上用场。一旦预测未来的利率可能会降低进而股票或债券价格可能上涨，你就会在当前买入。

后来的经济学家认为上述两种说法都有失偏颇，他们试图在利率决定问题上把古典学派和凯恩斯的理论结合起来，提出了“可贷资金供求模型”：利率不是由储蓄与投资所决定的，而是由可贷资金的供、求决定的，利率是使用可贷资金的代价，影响可贷资金供求水平的因素就是影响利率变动的因素。

综合考虑前人的理论，我们就可以对利率的主要影响因素做以下总结：

1. 风险。考虑这样一个问题，你只需要摇头或点头来表示态度。假如你有一些畏高，有人支付 5 元钱给你，让你去蹦极，你会去做吗？那么 500 元呢？ 5 万元怎么样，听起来很诱人吧？我猜想你摇摆的头已经慢了下来。500 万元呢？天哪，头不要点得太快，这样对颈椎不好！这个问题只是想说明，当报酬足够诱人时，你会接受一些平时讨厌的东西。回到我们的正题，大多数的人都讨厌风险，毕竟财产损失可不是一件令人高兴的事情。因此，其他条件相同时，风险越大，人们要求的报酬也就越多，利率也应该更高。

2. 人性不耐。人们往往更看重现在的消费。因此，在用未来的消费和现在的消费进行交换时，应该会打一些折扣。也就是说，必须给“等待”或“延期消费”这种行为进行补偿，而利息便是这种补偿。如此说来，时间越长，利率越高。

3. 预期通胀。这个就更好理解了，当通货膨胀率十分高时，去银行存款获得利息后在未来购买还不如此时此刻就去购买获得的物品多。如果银行不提高利率又如何吸引资金呢？所以，预期通胀水平越高，所需要的利率水平就越高。

4. 平均利润率。借方借到资金后从事经济活动获得一定利润，很明显借款者为贷款支付的利息要低于所获得的利润。经济社会可以形成一个平均利润率，利率一般在零和平均利润率之间波动。一般来说，平均利润率越高，利率有望提高的可能性就越大。

5. 可贷资金的供求。我们可以把利率理解为资金的价格，反映着借贷资金市场上的供求关系。因此像物品的价格受到供给与需求的影响那样，资金的价格即利率，也受到借贷双方的影响。在这个层面上，资金借贷市场上的供求曲线及其移动影响着利率的高低。

6. 货币政策。调整利率是政府干预经济最常用的手段之一，政府会根据市场上的情况，运用货币政策改变货币供应量，进而适当调整利率，再通过利率影响投资和总需求，以此来熨平经济周期。

利率的作用和利率政策

了解了利率的基本概念之后，我们想知道，在哪些经济决策中会使用到利率，或者说，利率在现代经济中都有什么作用呢？

首先，它是资金流动的“助推器”。在市场经济中，资金短缺不可避免，而利率会把闲置的资金吸引到需要的地方。不仅如此，利率越高，推动力就越大，原因在于利率是持有资金的机会成本，利率高，成本就大，资金流动就快；反之，则资金流动慢。

其次，它是企业投资的“指示器”。利率既是资金的成本，也是贷款的“价格”。企业在进行投资的时候，会格外关注这个“价格”的高低。当利率提高时，它通常会减少借款，缩减投资规模；反之，当这一“价格”下降时，企业的投资规模便趁机扩张。熟悉投资理论的人会知道，几乎所有的投资原则都和市场利率有关，典型的如净现值法和内部收益率法，等等。

再次，利率还是物价水平的“稳定器”。既然利率是闲置资金的成本，进而这个成本会决定个体手中持有货币的多少，我们可以把这部分货币看作是经济体货币循环的一种“漏出”。“漏出”越多，银行创造存款货币的能力就越小，市场上的货币供应量就相应地减少。再根据费雪方程式，其他条件不变的情况下，货币供应量减少会引起一般价格水平下降。

最后，利率也是国际收支的“调节器”。当一国的国际收支不平衡，出现贸易逆差或者顺差的时候，央行对利率的调整能收到明显的成效。在逆差严重时，可以通过提高本国利率吸引外国资本流入，减少逆差；反之则降低利率，减小顺差。运用好利率这个工具，可以将国际收支控制在一个合理的范围内。

正因为利率作为一种基础性的“要素价格”在整个经济中有着举足轻重的作用，中央银行和政府才会格外关注它的动向，并围绕着它制定各种经济政策。例如，利率政策作为货币政策最重要的工具之一，长期以来一直是一国政府及货币当局调控经济的手段。在欧债危机的背景下，2012 年 9 月，欧洲央行行长德拉吉就表示该行的基本使命要求它干预债券市场以重新获得对利率的控制权并且确保欧元的生存。利率作为货币的咽喉，它的重要性可见一斑。

利率政策是指中央银行控制和调节市场利率以影响社会资金供求的方针和各种措施，它是中央银行间接控制信用规模的一项重要手段。利率政策是中央银行的得力助手，通过调整控制这个得力助手，中央银行掌控着国家金库。在货币战争的今天，各国已形成各种利率之间互相依存和互相制约的利率体系。而中央银行利率如同大脑的神经中枢一样在利率体系中处于主导地位。

中国人民银行是中国的中央银行，它根据货币政策实施的需要，适时地运用利率工具，对利率水平和利率结构进行调整，进而影响社会资金供求状况，实现货币政策的既定目标。

中国人民银行采用的利率工具主要有：调整中央银行基准利率（包括再贷款利率、再贴现利率、存款准备金利率等），调整金融机构法定存贷款利率，制定金融机构存贷款利率的浮动范围，以及制定相关政策对各类利率的结构进行调整等。

近年来，人民银行一直在逐渐调整货币管理方法，重心从直接管制零售市场转向通过公开市场操作来灵活调节银行间利率。2012 年央行扩大了商业银行存贷利率较基准利率的浮动区间；2013 年年初短期流动性操作的启动使得央行能够更及时衡量银行间融资需求并相应做出流动性调整，从而进一步强化了银行间利率管理。这些措施提高了央行利率政策乃至货币政策的效果，也更有利于利率的市场化。

利率市场化展望

想建立市场经济，要素价格市场化是基础，也是关键。这样，利率市场化就是必不可少的一环了。多年以来，中国的利率市场化进程停停走走，充满了坎坷和风险。2012 年，央行行长周小川做出了“推进利率市场化改革的条件已基本具备”的表态，再度让人们听到了利率市场化改革脚步声的临近。

以往金融市场有很多非市场化的制度限制。例如，银行在存、贷款方面就存在着存款利率的最高限制和贷款利率的最低限制。简单地说，银行没法通过提高利率来吸收存款，也没法通过降低利率来发放贷款，后果之一，是在一定程度上避免了银行之间通过价格进行竞争的可能。所以，作为普通老百姓，把钱存在哪家银行获得的利息都一样。不过，最近几年，随着银行理财产品的发展，存款上限已经被间接地突破了。于是，央行顺势而为，将金融市场的改革号角吹响。周小川认为，贷款利率改革可先行一步，存款方面可通过促进替代性负债产品发展及扩大利率浮动区间等方式推进。中国银行业协会的调查显示，逾五成的银行家相信，利率市场化将在未来三年到五年实现。未雨绸缪，银行界将应对利率市场化视为继2003年商业化改革以来的二次转型，且关乎生死。④

利率市场化是逐步向市场主体让渡利率决定权的过程，包括利率决定、利率传导、利率结构和利率管理等的市场化。实际上，它就是将利率的决策权交给金融机构，由金融机构根据资金状况和对金融市场动向的判断来自主调节利率水平，最终形成以中央银行基准利率为基础，以货币市场利率为中介，由市场供求决定金融机构存、贷款利率的市场利率体系和利率形成机制。也就是说，利率市场化有一个基本的前提：统一、开放、充分竞争的资金市场。

利率市场化的理论起源是麦金农的“金融抑制论”，即发展中国家的利率管制导致金融抑制，实际利率远低于市场均衡水平，资金没有实现有效配置，从而金融机构与企业行为将会发生扭曲。利率市场化次序由两个问题组成：第一，先允许贷款利率市场化，还是先允许存款利率市场化？在实际操作中，大多数国家往往选择了前者。从中国的现状来看，中国已经逐步允许银行根据不同企业的情况来自行设定贷款利率，这在某种程度上意味着贷款利率实现了部分市场化。第二，先实现长期利率的市场化，还是短期利率的市场化？中国已经加快建设上海银行间同业拆借市场，这为短期利率市场化提供了一个良好的平台。在未来的一段时间内，在继续推动短期利率市场化的同时，中国也应该逐步推动长期利率市场化的进程。

美、日、韩等国用了差不多15—20年的时间，在20世纪90年代先后完成了利率市场化的过程。目前来看，国际金融市场上利率市场化已成趋势。中国加入 WTO 后银行业业务将彻底放开，而利率市场化改革使得积极稳妥地放开更多的本外币沟通的渠道成为可能。目前，利率市场化的条件已经初步具备。

从经济学理论上看，利率市场化将带来资源的最优配置以及效率的提高。不过，利率市场化也不是“包治百病”的良药，金融市场的很多问题不会因为利率市场化而立刻消失，甚至，由于利率市场化，利率波动会更频繁、幅度更大，可能使一些习惯了计划经济的银行难以适应，面临的不确定性增加。此外，在法律制度相对薄弱的国家，利率市场化也会带来大量违约的出现。不过，利率市场化不能“因噎废食”——因为市场化暂时不能带来“帕累托最优”[⑤]，就呼吁政府干预经济。是否市场化不是一个需要讨论的问题，需要确定的只是过程和步骤，毕竟，政府干预经济所带来的种种无效率我们已有很深的感受。

第八章　汇　率

这个世界上绝大多数国家都有自己的货币，中国的货币是人民币（元），美国的是美元，欧洲货币成员国用的是欧元，英国是欧盟的例外——用的是英镑。因为使用的货币不同，在国际贸易中，不免会涉及商品价格的换算和货币的兑换问题，而这些都和汇率有关。进入2014年以来，美元兑人民币的比率由1月份的1 ∶ 6，上升到5月份的1 ∶ 6.25。美元短时间的升值，让一些国内的“海淘”[①]客叫苦连天，国外的商品感觉越来越贵了，很多商品的国内外价差越来越小。如果我们把时间放得更长，会发现，同样是1美元在20世纪80年代能只能换3块钱人民币，而到了90年代中期就可以换8块钱，进入21世纪，则缓慢降至今天的6块多钱。作为世界货币，美元同其他主要货币的兑换比率也出现了类似的戏剧性变化，先是贬值近20%，然后又在2007年之后的金融危机中升值近20%。于是，就出现了这样的事情，一些年长的美国人如果在不同时期来中国旅游购物的话，会经历一个中国商品由贵变便宜又变贵的过程，而中国游客去美国刚好有相反的感受。汇率上下波动，免不了“有人欢喜，有人愁”。

什么原因导致汇率上下波动？汇率波动具体还有哪些影响呢？要回答这些问题，让我们先从外汇说起吧。

外汇及外汇储备

外汇

经济全球化使得全球经济联系更加密切，贸易往来更为频繁。国际贸易快速发展，外汇和外汇储备也成为开放国家贸易往来的基础。世界上大多数国家都有自己的货币，这称为本币，而其他国家的货币则称为外币。其中，国际承认其流通功能的外币又可称为外汇②。简而言之，外汇就是外国的钱。

外汇储备又称为外汇存底，是一个国家货币当局持有并可以随时兑换外国货币的资产，也是该国持有的以外币表示的债权。外汇储备在一个国家的对外贸易中扮演了重要的角色，它在平衡国际收支、稳定汇率、偿还对外债务等方面发挥着重要的作用。目前在国际上，大家普遍接受的货币主要有美元、欧元和日元等几种，它们在国际交往中是可以自由兑换的货币，所以在外汇储备中也总是包括这些国际通用货币。随着中国经济的发展，人民币的国际地位也越来越高，在部分国家和地区也充当了通用货币的角色。不过，由于美元有着独一无二的国际货币地位，外汇储备一般还都是以美元作为统计单位。

那么，贸易如何影响外汇储备呢？在一个封闭的国家里，人们用自己政府发行的货币相互买卖是完全没有问题的。但是当与其他国家和地区进行贸易时，就会出现不同的国家和地区所使用和承认的流通货币不一样的问题，如何才能完成交易呢？

如果你是国内的一位做服装出口生意的老板，你将大批的服装通过海路运往美国去卖，以美元标价销售，然后从美国带回美元。可在国内没法用美元买东西，怎么办？通常的做法是把美元拿到银行按一定的比例兑换成人民币。这些你从美国带回来的美元对中国来说就是外汇。出口到美国的商品越多，赚回的美元也就越多，然后通过银行的兑换，使中国的外汇储备增加。

反过来，假如你是一家工厂的老板，听别人说美国有一种新机器可以提高生产效率，你在联系到美国这家工厂后打算买一台，这时候你需要用美元来付款，手里没有怎么办？通常会通过银行用人民币按一定的比例兑换足够的美元，然后把这些钱支付给厂家，这些为了购买美国的机器设备而从银行兑换来的美元源于中国的外汇储备。可见，从国外进口的商品增加，可能会使一国的外汇储备减少。

中国的外汇储备

中国的媒体和一般老百姓对外汇储备的关注始于亚洲金融危机。新千年以来，中国的外汇储备快速增长（见图 8-1），截至 2012 年，总额已高达约 3.3 万亿美元。有关高额外汇储备的利弊又重现报端，经济学家的观点也是见仁见智。

多数人认为，随着人民币不断升值，外汇储备会逐渐缩水、贬值，长期而言对中国不利。也就相当于自己节衣缩食地借给美国那么多钱，结果出现了通货膨胀，眼看着自己的债权不断贬值，购买力丧失。正如有人所言，人民币升值导致的外汇储备缩水的损失是已经发生在过去的损失，只不过这些损失由隐性变成了显性，是由于过去人民币被低估，这些损失就相当于这些年中国补贴国外消费者。③

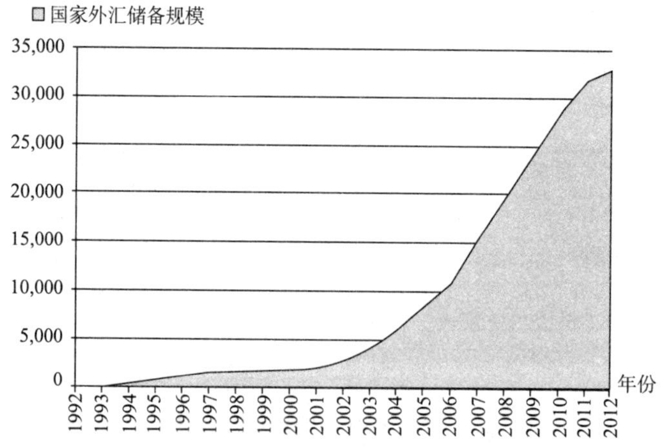

图 8-1 中国的外汇储备规模（1992—2012，单位：亿美元）

资料来源：中国外汇管理局网站。

为什么中国的外汇储备会越来越多？从上一节的两个例子中不难看出，出口商品带回美元增加了中国的外汇储备，而进口商品支付美元则减少了外汇储备。所以，很大程度上，外汇储备的大幅增长是由于中国的出口额大于进口额，即贸易顺差的存在以及逐步扩大的趋势所造成的（见图8-2）。从图 8-2 来看，进入 2000 年后，中国的贸易顺差额（出口额大于进口额的部分）不断扩大，呈现上升趋势，但在 2008 年后到 2011 年受到世界金融危机的影响，贸易顺差额有所减少，但 2011 年后又呈上升趋势。

由此可见，近几年中国外汇储备呈现的不断上升趋势与贸易顺差的变化趋势具有一致性，但并不是亦步亦趋的。造成这种差别的原因有很多，例如外资热钱的流入、中国投资结构的不合理等，但是不得不提到的是另外一个重要的因素——汇率。

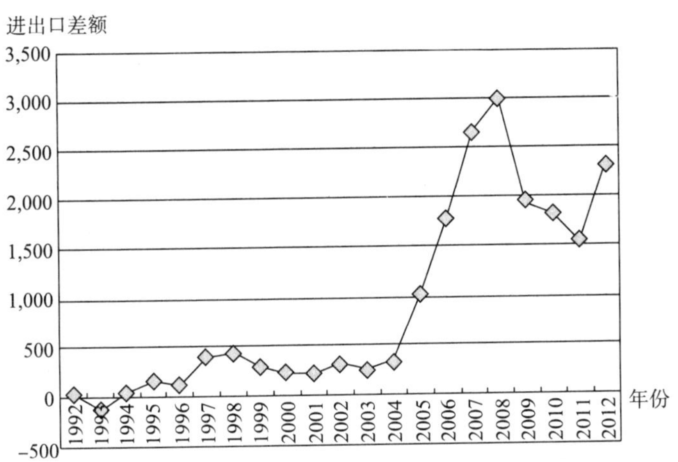

图 8-2　中国进出口差额（贸易顺差）变化情况
（1992—2012, 单位：亿美元）

资料来源：中经网统计数据库。

汇率的概念及分类

汇率（Exchange Rate）又称汇价，是指一国货币兑换另一国货币的比率，是以一种货币表示的另一种货币的价格。例如，如果美元对人民币的汇率为 1 ：6.2，那就是说，1 美元和 6.2 元人民币等值。

汇率有两种标价方法：直接标价法和间接标价法。

直接标价法指以一定数额（通常是 1 单位或者 100 单位）的外币为基准，将其折算成一定数额的本币的方法。如 2013 年 4 月 23 日，1 美元兑换 6.1764 人民币，就是直接标价法。在这种方法下，外币的数额保持不变，本币随着与其所对应外币的汇率的变化而变化。如果汇率上升，说明一单位外币所能兑换的本币数量增加，这叫作本币贬值或外币升值；如果汇率下降，则情况相反，本币升值或外币贬值。间接标价法是以一定的本币为标准，折算成一定数量的外币的方法。如在 2013 年 4 月 23 日，1 人民币兑换 0.1247 欧元。如果汇率上升，则本币兑换的外币数量增加，本币升值，外币贬值；如果汇率下降，则情况相反。在国际外汇市场上，除了传统的英联邦国家一般采用间接标价法（如欧元、英镑、澳元等）外，大都使用的是直接标价法。④

图 8–3 给出了近三十年来 100 美元可兑换的人民币的数量，也就是上面所说的直接标价法下的汇率。我们看到，美元自 1985 年起开始升值（汇率上升），1994 年开始进入“8”时代。然后在近十年的时间保持不变，接着人民币升值，美元贬值（汇率下降），在 2006 进入“破 8”时代，其后人民币继续升值，汇率不断下降，在 2013 年下半年还险些“破 6”成功。

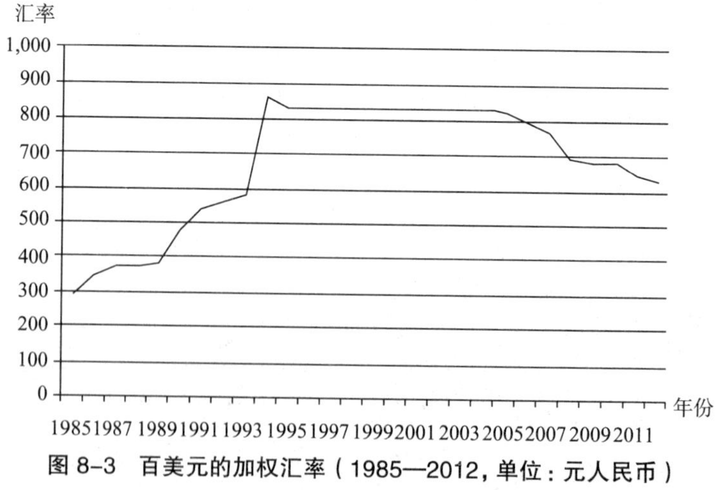

图 8–3　百美元的加权汇率（1985—2012，单位：元人民币）

资料来源：中经网统计数据库。

既然汇率有直接标价法和间接标价法之分，那么当有人说“人民币汇率上升了”时，就会令我们感到一头雾水，他到底指的是哪一种汇率标价法下的汇率上升呢？在直接标价法下，这意味着人民币贬值；而在间接标价法下，则意味着人民币升值。实际上，平日里我们听到的“人民币汇率上升”多指人民币升值，而“人民币汇率下降”多指人民币贬值。

上述用一国货币折算成另一国货币的比率或比价来表示的汇率叫作名义汇率。名义汇率在实际的生活中常用，从报纸、网站等渠道都可以查到每天的名义汇率信息。图 8-3 显示的也是名义汇率的变化。

与名义汇率相对应的是实际汇率。实际汇率是一国的物品（或劳务）交换另一国物品（或劳务）的比率。例如，你发现同一辆汽车在美国的价格是中国的 2 倍，我们就可以说实际汇率为一辆中国汽车对 1/2 辆美国汽车。这时，实际汇率所表示的是物品的单位量之比，而不是货币。实际汇率与后面介绍的“一价法则”有关。是按照两国的相对价格调整名义利率计算出来的。

假设一台电脑在中国的价格为 5,000 元，在美国的价格是 500 美元，那么它们之间的实际汇率是多少呢？

首先，用名义汇率将两国的价格换成同样的货币，假设，名义汇率为 1 人民币兑换 0.2 美元，这台电脑在中国的价格以美元表示为：$5,000\times0.2=1,000$ 美元，那么可以看出，这台电脑在中国的价格是在美国价格的 2 倍，实际汇率为一台中国电脑兑换 2 台美国电脑。

由此，可以得出实际汇率的计算公式：

$$\text{实际汇率}=\frac{\text{名义汇率}\times\text{国内价格}}{\text{国外价格}}$$

实际汇率是一国出口与进口的关键决定因素。这是因为一国的实际汇率下降，意味着相对于国外的物品而言，本国的物品变得便宜了，这种变化会鼓励国内和国外的消费者更多地购买本国物品，更少地购买国外物品，结果该国出口增加，进口减少。相反，一国实际汇率上升意味着相对于外国物品，本国物品变得昂贵了，因此，该国的进口增加，出口减少。

汇率还有其他分类，但那些分类常常与汇率的决定和制度有关，这里暂且略过不提。

汇率的决定

汇率也是市场中一种重要的价格，它是如何决定的呢？这要看你考察的是名义汇率还是实际汇率，是短期还是长期。如果是短期的话，汇率像很多商品的价格一样，由外汇市场的供求决定。当外汇市场上的外汇供大于求时，汇率下降；供不应求时，汇率上升。如果是长期的话，汇率则通常受“一价法则”的约束。

短期汇率的决定

短期内人们进行货币兑换的主要原因，一是贸易，二是投资。也就是说，当我们需要购买国外商品的时候，或者，当我们在金融市场上购买国外的债券或者股票的时候，都需要将本币兑换成外币。以人民币为例，中国人民银行作为中国的中央银行决定了外汇市场上人民币的供给，而国际金融市场上的交易将产生对人民币的需求。从这个角度看，一国的货币发行量和利率一定会对短期的名义汇率产生影响。例如，人民银行施行紧缩性的货币政策，或者提高名义利率，从投资的角度看，会使国外投资者更愿意将手中的外币兑换成人民币存在中国的银行，或者购买中国的金融资产。于是外汇市场上，人民币的供给减少，需求增加，人民币升值，名义汇率也会出现相应的变化。

前面说过，实际汇率是名义汇率与两国物价水平比率的乘积，这也意味着，名义汇率取决于实际汇率和两国的物价水平（更准确地说，是国外价格和国内价格之比）。在实际汇率既定时，如果国内物价水平上升，则名义汇率下降。因为一块钱变得更不值钱了，所以它所能兑换的外币也会减少；反之，则名义汇率上升。

短期的实际汇率可能受一些政府政策和意料之外的价格变化影响。如果一国政府实施扩张性的财政政策（增加政府购买或减税），国民储蓄会下降，可以兑换为外国通货的本币也减少了，进而外汇市场上可投资于国外的本币供给减少，本币升值（均衡汇率上升）。而如果国外政府也实施同样的扩张性的财政政策，则国际储蓄减少，国际利率上升，本国国内投资下降，这增加了可兑换成外国通货的本币的供给，结果均衡的实际汇率下降。

贸易政策也能对实际汇率产生影响。举一个保护主义贸易政策的例子，如果政府考虑禁止进口外国生产的汽车，结果是，在名义汇率既定的情况下，进口减少，净出口增加，进而本币需求增加，实际汇率上升。

“购买力平价”理论

当今世界，随着交通和信息技术的不断提高，贸易障碍倾向于越来越少，商品的流动加强，于是，在长期中，同样的商品在不同的国家倾向于以相同的价格出售，这就是所谓的“一价法则”或“一价定律”。例如，一件衣服在中国卖620元的话，如果人民币与美元的汇率是6.2 ∶ 1，则它在美国的售价就应该是100美元。

这个“一价法则”和汇率的决定有什么关系呢？其实，著名的长期汇率决定理论“购买力平价理论”（英文简称PPP）就是该法则在国家间价格水平关系的一个应用。该理论说的是，两国货币的购买力之比是决定汇率的基础，汇率的变动是由两国货币购买力之比的变化引起的。它说明，同样的物品在同一时间不同地点不能以不同的价格出售。我们可以用关于实际汇率的模型解释购买力平价理论。

国际套利者对实际汇率的微小变动极为敏感，一旦有套利空间，就会闻风而动。当国内商品价格相对于国外商品价格略有下降时（也就是实际汇率下降），会引起套利者在国内购买商品并把它们拿到国外出售；反之，国内商品价格相对于国外商品的轻微上升，也会引起套利者从国外进口商品到国内销售。在各国之间购买力相等的实际汇率下，实际汇率任何微小的变动都会引起净出口的大幅度变动，而这种极端敏感性保证了均衡的实际利率总是接近于确保购买力平价的水平。

为了证明购买力平价理论的作用如何，国际新闻杂志《经济学家》（*The Economist*）定期收集不同国家和地区的麦当劳巨无霸汉堡的价格数据。根据购买力平价理论，巨无霸的价格应该与一国名义汇率密切相关。用当地通货表示的巨无霸价格越高，该通货相对于美元的汇率就应该越低。

表 8-1 给出了 2010 年 3 月巨无霸汉堡在不同国家和地区用当地货币表示的本地价格和美元价格，当时一个巨无霸汉堡在美国卖 3.58 美元。如果购买力平价理论成立的话，则实际汇率就会等于 1，且所有国家所卖汉堡的美元价格相等。不过，实际情况并不是这样。巨无霸的价格在有的地方要高一些（如挪威），在有些地方要低一些（如中国大陆）。表格的第 3 列是用每种货币的汇率换成美元的价格，第 4 列是预测的汇率，该汇率使得当地的巨无霸价格和美国的价格相同（实际汇率为 1），第五列是真实的汇率。

从表 8-1 的数据看出，尽管购买力平价理论并不严格成立，但考虑到其在长期终将产生影响，故有助于我们预测这些国家的汇率。⑤

表 8-1 部分国家或地区的麦当劳巨无霸价格和汇率（2010 年 3 月）

国家或地区	巨无霸的价格		汇率（当地货币 / 美元）	
	当地货币	美元	预测值	实际值
美国	3.58	3.58	1	1
挪威	40	6.87	11.17	5.82
欧元区	3.36	4.62	0.94	0.73
加拿大	4.12	4.06	1.15	1.01
澳大利亚	4.35	3.98	1.22	1.09
日本	320.12	3.54	89.42	90.43
英国	2.29	3.48	0.64	0.66
韩国	3399	3	949.44	1133
墨西哥	32.05	2.56	8.95	12.52
中国台湾	75.07	2.36	20.97	31.81
中国	12.49	1.83	3.49	6.83

资料来源：*The Economists*，March，2010.

汇率的影响

了解了什么影响汇率之后，我们还想知道汇率影响什么。汇率对经济的影响主要体现在以下几个方面。

对国际收支的影响

假设世界只由两家农场构成，农场 A 生产苹果，农场 B 生产梨。人们从这两家农场购买并消费苹果和梨。A 农场生产的 1 个苹果可以换 B 农场的 8 个梨，这时候市场达到了均衡。某一天，B 农场的农场主改变了梨的价格，使得 1 个苹果只能兑换 6 个梨，苹果可以兑换梨的数量减少了，这样看来，苹果的相对价格降低了，很多之前买梨的人可能会去买更便宜的苹果，苹果的销量增加，梨的销量减少。

苹果兑换梨的比例就是汇率，苹果汇率下降，其销量（也就是出口量）增加，梨的销量（进口量）减少。从这个小事例中我们可以看出，汇率下降，能起到促进出口，抑制进口的作用；反之，则抑制进口，鼓励出口。

对物价的影响

前面介绍过的“购买力平价理论”和“一价定律”都说明了汇率和物价之间的关系，前面说的是物价对汇率的影响，下面我们再来看看汇率对物价的影响。

就其直接影响看来，本币升值会刺激进口，使进口商品的数量增加，价格下降；而进口的半成品的价格下降，会降低加工进口半成品的企业的生产成本，从而导致生产出来的产品价格下降。

从间接的影响来看，本币升值，增强了居民购买力，而进口商品价格下降，会导致其替代品（国产商品）的价格也随之降低。本币的升值趋势一旦形成，很难扭转。对生产商来说，如果生产一罐奶粉需要 50 元钱的成本，由于本币升值趋势，在将来生产一罐奶粉可能只需 45 元钱，这就降低了厂商当前的生产积极性。对消费者来说，本币升值，在将来钱会更值钱，因而减少了消费。消费者和生产商的竞争、供求的变化会决定汇率对价格的影响。[⑥]

汇率对于物价水平的影响不可以一概而论，还需对市场的情况进行分析。例如，有人认为，尽管人民币升值和升值预期可能增加国内价格下滑的压力，但并不必然导致物价下跌。价格主要是由国内总供给和总需求状况决定的，当前人民币小幅升值并不会增加国内的通缩压力。[⑦]

对资本流动的影响

本币升值时，本币的购买力相对于外币增加，人们更倾向于持有以本币计价的资产，投资者纷纷将外币兑换成以本币计量的金融资产，导致资本流入本国。反之，本币贬值时购买力相较于外币下降，因而人们更倾向于持有外币，投资者纷纷将以本币计量的金融资产兑换成外汇，导致资本外流。

在1990—1995年期间，美元贬值推动大量资本涌入新兴市场，推高了这些市场中的资产价格。当美元于1995年开始升值时，新兴市场中的私人资本纷纷撤离，引发了1997年的亚洲金融危机。2001年以来美元不断贬值，资本再次加速流向新兴市场，目前流入的资金量又达到了历史高点。资本流入会刺激经济增长，但是过快的经济增长会导致经济产生泡沫，一旦将来发生资本外流，就很容易导致泡沫破裂，引发经济危机。

以中国为例，2010年以前，美元对人民币汇率相对稳定在7左右，金融机构资金来源合计数稳定在5,000亿美元左右，流入资本相对稳定。而2010年后，汇率开始下降，资本流入也逐渐增加，这对中国国内各种资产价格和商品价格的上涨起到了推波助澜的作用。

汇率制度

汇率制度是指一个国家的货币当局对本国汇率如何决定和变动的基本方式所做的一系列安排和规定，国际上主要的汇率制度基本上可以分为如下三种。

固定汇率制度

简单地说，就是依靠货币法律、制度来维持汇率。这又可以分为两种情况：其一是无独立法定货币的汇率安排，其二货币局制度。

无独立法定货币的汇率安排指有很多国家由于不发行本国货币，而是使用美元（美元化）或其他国家的货币，或者是结成货币同盟，共享一种货币。以美元化为例，东帝汶、厄瓜多尔等国均流通美元。这些国家通过劳务输出、资源出口等途径获取美元。它们把自家经济与美元绑在一起，可以稳定币值，提高公众信心。常言说，大树底下好乘凉。只要美国经济稳定，美元不出现大波动，这些国家的本币汇率（即美元汇率）就稳定，在国际经济交往中，就能找到更多的合作伙伴。当然，一旦美国经济出了问题，它们也自身难保。

货币局制度则是指国家做出保证，会按照固定的汇率将本地货币兑换为外国货币。一般来说货币当局会盯住本币币值，通过买卖外汇来维持汇率稳定，其发行本币的数量也是以外汇储备作为后盾的。在货币局制度下，当国际收支出现持续逆差时，当局发行货币所依据的外汇储备就会减少，国内货币供应量也将随之减少，利率就会升高。这将减少进口需求，减缓国内经济增长速度。国内工资、物价的下跌，也会降低生产成本，增加出口竞争力。当国际收支出现顺差时，情况则相反。这种制度起源于19世纪英法发展海外殖民地时期，很多现今采用这种制度的国家或地区都曾是欧美殖民地，例如阿根廷、爱沙尼亚、保加利亚、中国香港等等。

浮动汇率制度

这是一种汇率完全由市场的供求决定，政府不加干预的汇率制度。按政府是否干预，可以分为自由浮动和管理浮动。[8]一般来说，采用自由浮动汇率制度的国家都是些发达国家，它们经济实力雄厚，有足够的实力应对市场带来的汇率风险和人为操纵的风险。目前，实行这种制度的国家主要是包括美国、英国、日本在内的几十个国家。

很多人认为，浮动汇率可以保证国际收支的平衡，使汇率市场更具透明性，同时不需要巨额的外汇储备，减少了宏观管理成本。当国际收支出现逆差时，意味着对外汇的需求大于对外汇的供给，浮动汇率下汇率会自动上升，进而使得外汇需求下降，赤字降低。

很多反对浮动汇率制度的人认为，市场上存在着不确定性以及非理性的投机行为，这会形成无效率的汇率进而导致无效率的资源配置。市场的信息是分散的，由于搜集信息有成本，很多人会采取跟随的做法，例如跟随巴菲特购买美元，卖出日元。这样就会使美元大幅升值，日元贬值，甚至超过了经济基本面的升值要求，造成市场的无效率配置。这种非理性投机行为又被称为“花车效应”。不确定性的典型例子是 20 世纪八九十年代的墨西哥比索问题。当时墨西哥国内多年经济繁荣，资产收益率高，大量短期投机性很强的国外资本涌入，物价飞涨，消费强劲导致进口增加、出口减少，比索被高估。人们形成对未来比索贬值的预期。如果人们的预期达成一致，认为比索在将来会贬值，那么投资者只会愿意用较低的价格来购买资产，或者要求较高的收益率。结果在这种预期下，利率被迫提高，这使得更多的外资涌入，汇率进一步提高，而这又会强化了人们对比索贬值的预期……于是出现了汇率、利率的循环上升。直到市场无法维持这种高收益，政府在 1994 年年底宣布比索贬值 15%，结果导致投资者出现恐慌，外资大规模出逃。

中间汇率制度

一些国家发现，固定汇率制度和浮动汇率制度有很多的缺陷，于是一种折中的方法很自然地出现了，这也就是我们所说的中间汇率制度。采用这种汇率制度的国家，也会钉住某种国际货币，但是这些国家可以根据实际需要经常地按照固定的比例小幅度地调整汇率，以保持国际收支的均衡。不得不说这种折中的方法在一定程度上避免了固定汇率制度市场僵化和自由浮动汇率制度过度依赖市场的缺点，给了新兴经济体一种崭新的视角。很多经济上刚刚起步的国家都认为，它们既需要开放的经济，又不像英美发达国家那样有足够的实力承担市场波动的风险，于是就选择了中间汇率制度。这样既可以发展国际贸易，又可以将汇率部分地掌控在自己手中，何乐而不为。

不幸的是，20 世纪下半叶爆发的几次区域性货币危机都出现在采用中间汇率制度的国家，例如泰国（泰铢钉住美元）、俄罗斯（卢布的管理浮动汇率）。这些事实也使得人们对中间汇率制度产生了质疑——难道只有严格固定的汇率制度或者是完全自由的浮动汇率制度才能够维持吗？

中国在改革开放前，人民币汇率由国家实行严格的管理和控制。十一届三中全会后，中国的汇率体制从单一汇率制转为双重汇率制，1994 年中国又开始实行以市场供求为基础的、单一的、有管理的浮动汇率制。政府根据对当前经济形势的判断，即时对汇率浮动的区间进行调节。

中国现在实行的汇率制度始于 2005 年，这是一种以市场供求为基础、参考一篮子货币进行调节、有管理的浮动汇率制度。具体来说，人民币的汇率不是只参照美元一种货币，而是参照一篮子的货币、根据市场供求关系来进行浮动。这个“篮子”内的货币构成，将综合考虑在中国对外贸易、外债、外商直接投资等外经贸活动占较大比重的国家和地区及其货币。参考一篮子货币表明外币之间的汇率变化会影响人民币汇率，但参考一篮子货币不等于钉住一篮子货币，它还需要将市场供求关系作为另一重要依据，据此形成有管理的浮动汇率。这将有利于增加汇率弹性，抑制单边投机，维护多边汇率。2008 年，中国适当收窄了人民币波动幅度以应对国际金融危机，在国际金融危机最严重的时候，许多国家货币对美元大幅贬值，而人民币汇率保持了基本稳定。

人民币的国际化

在一国汇率政策选择中，有一个著名的“三难困境”，即在稳定的汇率、自由的金融流动和货币政策的自主权这三者中，政府只能选择其中两个作为目标，想二者兼顾是不可能的。[9]后来，无论是亚洲金融危机，还是阿根廷的比索危机，都证明在一个发展中国家，稳定的汇率与自由流动的资本市场难以长期共存。就中国而言，近几年人民币的国际化进程加快（见表 8-2），资本市场也将逐步开放，这都要求我们必须对当前的汇率制度做必要的变革。经济学家们大都主张金融自由流动，但几次金融危机启发我们，在储备不足的情况下开放资本市场，可能会引发危机，而中国目前实施的限制流动的政策尽管饱受批判，但在几次金融危机期间均表现出一定的优势。

表 8-2 近几年人民币国际化进程一览（2007—2011）

时间	事件
2011.6	央行公布了《关于明确跨境人民币业务相关问题的通知》，正式明确了外商直接投资人民币结算业务的试点办法，成为推进人民币跨境流动的又一重大举措。
2010.6	结算试点地区范围将扩大至沿海到内地 20 个省、区、市，境外结算地扩至所有国家和地区。
2009.7	六部门发布跨境贸易人民币结算试点管理办法，中国跨境贸易人民币结算试点正式启动。
2009.4	中国人民银行和阿根廷中央银行签署双边货币互换协议。
2009.3	中国人民银行和印度尼西亚银行宣布签署双边货币互换协议，目的是支持双边贸易及直接投资以促进经济增长，并为稳定金融市场提供短期流动性。
2009.3	中国人民银行和白俄罗斯共和国国家银行宣布签署双边货币互换协议，目的是通过推动双边贸易及投资促进两国经济增长。
2008.12	国务院决定，将对广东和长江三角洲地区与港澳地区、广西和云南与东盟的货物贸易进行人民币结算试点；此外，中国已与包括蒙古、越南、缅甸等在内的周边八国签订了自主选择双边货币结算协议，人民币区域化的进程大步加快。
2008.12	中国与俄罗斯就加快两国在贸易中改用本国货币结算进行了磋商；12 日，中国人民银行和韩国银行签署了双边货币互换协议，两国通过本币互换可相互提供规模为 1,800 亿元人民币的短期流动性支持。

（续表）

时间	事件
2008.7	国务院批准中国人民银行的《中国人民银行主要职责内设机构和人员编制规定》方案，新设立汇率司，其职能包括“根据人民币国际化的进程发展人民币离岸市场”。
2007.6	首只人民币债券登陆香港，此后内地多家银行先后多次在香港推行两年或三年期的人民币债券，总额超过 200 亿元人民币。

资料来源：中国人民银行网站。

由于之前人民币存在低估，所以自 2005 年汇改之后，人民币开始了不断升值的历程，前后共经历了三个阶段。可即使这样，美国仍然不断要求人民币升值，以遏制中国对美出口，减小贸易顺差。实际上，造成中、美间贸易顺差的原因很多，绝非只有汇率一条。而且，美国从中、美自由贸易中获得了大量的好处。摩根士丹利的一份调查报告显示，中国对美出口会让美国消费者每年节省 1,000 亿美元，让美国企业每年获利 6,000 亿美元，占标准普尔指数涵盖公司利润总额的 10% 以上。

截至 2013 年 10 月，中国已经与 23 个国家和地区签署了货币互换协议，总规模近 2.5 万亿元人民币。跨境贸易人民币结算业务量达到 4 万多亿元，海外人民币存款的总量由 2010 年的几百亿元，增长到了目前的 1.2 万亿元。目前人民币已跃居全球外汇市场交易最活跃的十大货币之列。

不过，目前的人民币国际化是建立在单边升值基础上的，很多情况下人民币充当的是套利和融资的货币，而非真正意义上的国际货币。要成为真正的国际货币必须打破单边升值的“魔咒”，完善人民币汇率形成机制，增强人民币汇率弹性势在必行。[⑩]

第九章　总需求和总供给

即便对那些没有学过经济学的人来说，他也有可能知道经济学中的供求模型。就像英国某位著名经济学家说的那样，如果鹦鹉会说供给和需求的话，它也是个经济学家了。供求模型既是经济学的基础，也是分析现实经济问题最强有力的工具。不过，我们接下来所要介绍的总供给和总需求，可绝不是个体的供给和需求的简单加总，至于怎么加总的，经济学家也常常说不清楚。它们虽然着有相同的外表，却有着完全不同的内容。

每一个时代都有其特殊的印记，而 1929 年至 1933 年间的每一天对于世界人民来说都是黑暗的，它也终将以大灾难的形象代代相传下去。在这场以农产品价格下跌为起点的经济萧条中，世界经济受到了有史以来最严重的影响，没有之一。1929 年 10 月 24 日这天，也就是历史上著名的“黑色星期四”，美国金融业崩溃了，股票一夜之间从顶巅跌入深渊，经济随即全面陷入毁灭性的灾难之中：银行倒闭，工厂关门，工人失业，国家甚至陷于内战的边缘。农业资本家和大农场主大量销毁“过剩”的产品，用小麦和玉米替代煤炭做燃料，把牛奶倒进密西西比河。后来罗斯福总统上任，他大刀阔斧地实施了一系列旨在克服危机的政策，美国经济才慢慢地走上正轨。那场噩梦过去还不到半个世纪，1973 年又一场灾难席卷而来，中东战争、欧佩克（OPEC）决议导致国际油价飞涨，美国及西方国家的经济受到强烈的冲击。和“大萧条”不同的是，这次是高失业和高通货膨胀结合在一起的“滞胀”，罗斯福总统的方法不再有效，理性预期学派的思想提供了指导。21 世纪初的 2001 年，美国受科技股泡沫破裂等因素的影响，出现了一次明显的经济衰退，美联储立刻向经济中注入货币。而到了 2008 年，同样是一场经济危机，美联储采用的方法完全不同，政府主要靠扩张性的财政政策渡过难关（这些政策的具体内容和作用机理我们留待后文再详细介绍）。

20 世纪的经济危机史告诉我们，危机可能源于需求冲击，也可能源于供给冲击，如大萧条和 2001 年的危机就属于前者，而“石油危机”和 2008 年的“次贷危机”就属于后者。起因不同，治理的方法也各异，否则，极可能造成更大的灾难。有鉴于此，我们必须要了解一下现代宏观经济学中的总需求和总供给模型，只有明白各种冲击的差异，才有可能对症下药，渡过难关。

总需求

总需求（aggregate demand，AD）是指在其他条件不变的情况下，在某一给定的价格水平上，人们所愿意购买的产出的总量，也即所有生产部门（消费者、企业和政府）所愿意支出的总量。它包括消费、投资、政府购买以及净出口四个部分。具体可写成：

总需求 = 消费 + 投资 + 政府购买 + 净出口

总需求表明了经济中的一般价格水平（或者通货膨胀）和总产出之间的关系，具体来说，从总需求的角度看，这是一种负相关的关系。“总需求”的英文使用了“aggregate”而不是“total”或者“sum”，就意味着，这个总需求不是个体需求的简单加总。称之为“总”，是因为这两个经济变量的关系是建立在商品市场和货币市场基础之上的，涵盖了经济中的绝大多数市场和部门。

总需求的构成

下面我们来详细看看总需求的四个组成部分：

消费（C）。包括消费者所购买的汽车、食品等耐用和非耐用的消费品。消费的主体是个人，消费量取决于个人的可支配收入，而可支配收入通常是个人收入减去税负后的结果，也是个人可以自己支配的那部分收入。

投资（I）。投资的主体是企业，包括对建筑物、软件和设备的私人购买以及库存品的增加。决定投资的主要因素有产出水平、资本成本，还有对未来的预期。投资主要取决于预期收益和利率，利率是投资的成本，两者负相关。

政府购买（G）。如购买像军火和教科书这样的商品，以及对军队、公务员和公立学校教师的服务所支付的费用。其决策的主体是政府，所以，与私人的消费和投资不同，总需求的这一部分是直接由政府支出政策决定的，是财政政策的主要内容。

净出口（NX）。它等于出口减进口。进口取决于国内的收入、国内外的相对价格以及汇率。出口（亦即别国的进口）是进口的镜像，由外国的收入、国内外的相对价格和汇率来决定。出口大于进口叫作贸易顺差或出超，反之叫贸易逆差或入超。

现在我们来看看中国的现实经济状况：中国的总需求构成情况是怎样的？和世界上的其他国家相比，我们有什么不同或者存在哪些优势和不足？

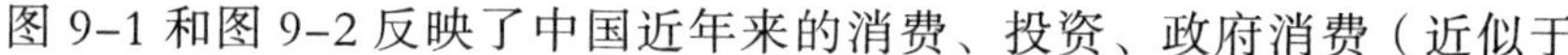
图 9-1 和图 9-2 反映了中国近年来的消费、投资、政府消费（近似于

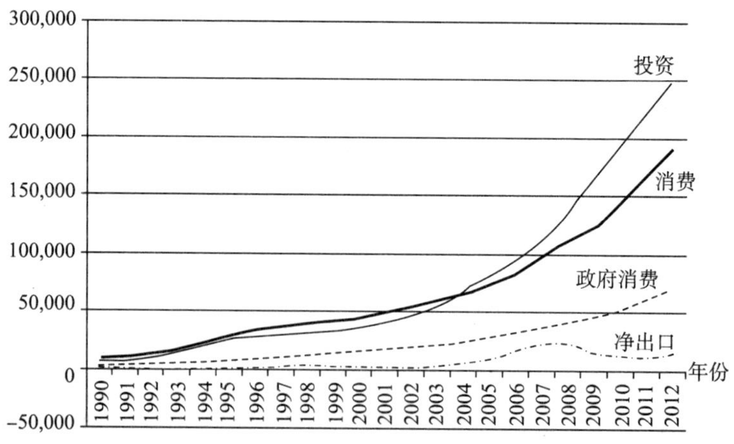

图 9-1　中国总支出各组成部分绝对量的变动趋势（1990—2012，单位：亿元）

资料来源：中经网统计数据库。

政府购买）和净出口四项的绝对量和所占比重的变动趋势，从图中我们可以看出，近年来中国的上述四项均有增长，但增长最快的是投资，其次是消费，政府支出占比不高，一直处于平稳增长，净出口在 2007 年达到最高，近几年有下降的趋势。

投资快速增长的趋势在图 9-2 中也得了印证。消费所占比重从 2000 年开始下降，从接近 50%，降为 2012 年的 36% 左右，而同一时期，投资的占比则从 30% 左右增加到 48%。

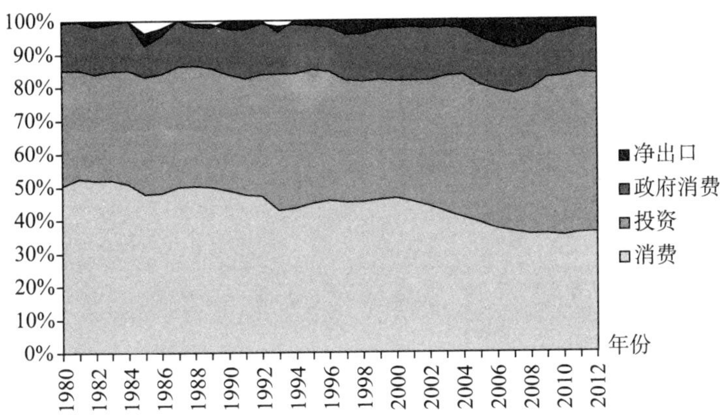

图 9-2　中国总支出各组成部分占比的变动趋势（1980—2012）

资料来源：中经网统计数据库。

世界上其他国家的情况又是怎样的呢？以 2013 年的美国为例，这四个部分所占的比重：消费约为 69%，投资 19%、政府购买 15%，净出口为 -3%，其多年来的变动趋势见图 9-3。而根据世界银行的数据，其他一些代表性的国家，比如日本、巴西、印度、俄罗斯，它们的消费占比尽管没有达到美国的水平，也都高于 50%，投资占比一般低于 20%。因此，可以说，中国的总需求构成存在两个明显的问题：投资和消费的冲突，以及内需和外需的冲突。前一个冲突可能造成经济的生产过剩；而后一个冲突可能增加中国经济的对外依存度，一旦国外经济有风吹草动，我们也会跟着伤风感冒。

如何改善这个结构呢？经济学家给出了很多建议，例如，通过建立、健全社会保障体系和减税来增加消费，通过市场化改革使企业的投资行为主要由市场而不是政府来引导，严格控制政府预算，调整政府支出结构，降低贸易保护和贸易壁垒，等等。希望通过一系列的改革使一般民众能够更多地分享经济增长的好处，真正做到藏富于民。

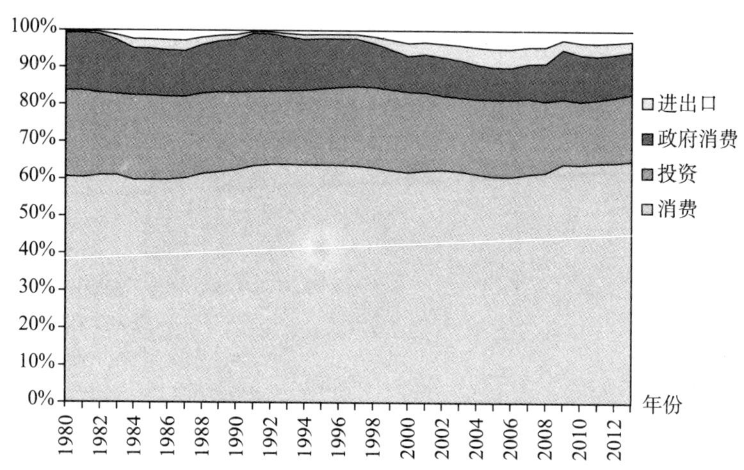

图 9-3 美国总支出各组成部分占比的变动趋势（1980—2012）

资料来源：中经网统计数据库。

总需求表达的关系

总需求反映了任一物价水平下经济中所有物品与劳务的需求量。这意味着，在其他条件不变的情况下，经济中的一般价格水平同社会对物品和劳务的需求量成反比。也就是说，一旦物价上涨（通货膨胀），则总需求减少；反之，物价下跌（通货紧缩），总需求增加。正因为如此，总需求曲线是向左下方倾斜的（如图 9-4 所示）。

为什么会有这样的关系呢？经济学家是从如下三个方面来进行解释的。

首先，从价格水平的变化对消费的影响来分析，这叫作财富效应。简单来说，一旦价格上涨，就出现了通货膨胀，你手中的钱就变得不值钱了。面对财富贬值，一般人做出的反应就是节衣缩食、减少开支，进而消费下降，总需求减少。反过来，物价下跌，财富增值，消费也随之上升。

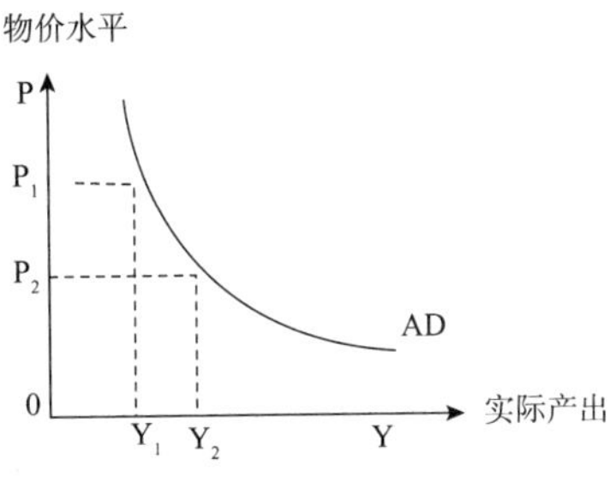

图 9–4　总需求曲线

其次，从物价上涨对投资的影响来分析，这叫作利率效应。如果其他条件不变，物价上涨，所持有的货币的购买力将降低，为了能买到和之前同样数量的商品，就需要持有更多的货币，怎么办？出售资产、借贷、减少储蓄……这些都会抬高市场上的利率水平；利率提高，投资就会减少，总需求也会下降。

最后一种影响是从净出口的角度来观察的，叫作汇率效应或者是进口产品的替代效应。物价水平越高，利率就会越高（利率效应）。此时对于投资者来说，利率反映收益率。作为对于高利率的反应，一些国内投资者就会加大对本国的投资，减少对外投资。例如，当中国国债的利率上升时，持有美国债券的投资者就会出售美国债券，以购买中国国债。当投资者为了购买中国国债试图把他的美元兑换成人民币时，就增加了外汇市场上的人民币需求，从而引起人民币相对于美元的升值。这就使得中国的出口商品对于国外而言变得更贵，而中国的消费者觉得进口商品变得更便宜，于是，出口减少，进口增加，净出口自然会减少，进而导致总需求减少（见图 9–5）。

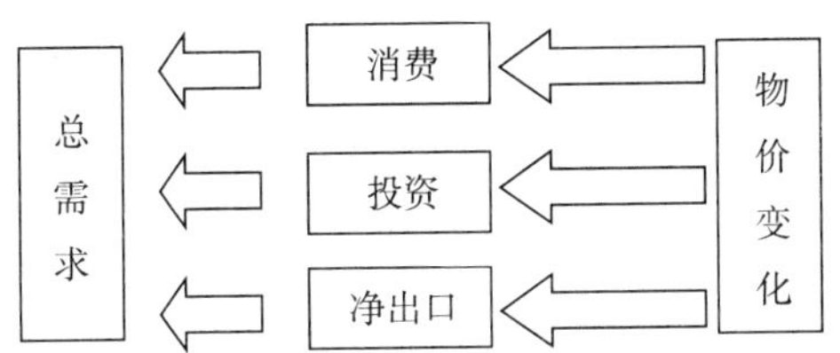

图 9–5　物价变化对总需求的影响

影响总需求的因素

正是因为前面这三种效应的存在，使得在其他条件不变的情况下，经济中总需求会因为物价水平的上升而下降。不过，其他条件也可能会发生变化，从而也会引起总需求的改变。总需求曲线的变动分为两种：其他影响总需求的因素不变时，物价水平变动引起的沿着总需求曲线的变动，以及物价水平不变时，其他因素引起的整个总需求曲线的移动。

我们可以将决定总需求曲线移动的因素分为两类（见表 9–1）。一类是由政府控制的宏观经济政策变量，包括货币政策（中央银行赖以影响货币供给量和其他金融条件的手段）和财政政策（税收和政府支出）；第二类是外生变量，这类变量有的超出了宏观经济分析的正常范围（如战争或革命），有的不在国内政治控制之内（如外国经济活动），还有一些（如股票市场）则具有明显独立的变动性。

表 9–1　影响总需求曲线移动的主要因素

变量	对总需求的影响
政策变量	
货币政策	货币供给增加会降低利率并放宽信贷条件，从而增加投资和耐用品的消费数量。如果一国经济环境是开放的，那么货币政策还会影响其汇率和净出口。
财政政策	政府对商品和劳务的采购增加，会直接增加支出总量；减税或增加转移支付会提高可支配收入，并导致消费量的增加。
外生变量	
国外产出	国外产出的增长会导致净出口的增加。
资产价值	股票价格的上涨会增加家庭财富，从而增加消费量。
技术进步	技术进步可以为商业投资提供新的机会，从而导致总需求增加。重要的例子如铁路、汽车和计算机的出现。
其他	冷战结束，和平突然降临，类似 SARS 这样的流行病泛滥，等等。

上述经济、政策因素的变动均会影响总需求曲线的位置。下面我们挑选一些具体的政策变量进行重点分析。其中，利率、汇率、货币量与货币政策相关，而政府购买与财政政策有关。

首先是利率。在其他条件不变的情况下，利率上升会引起企业计划购买的新资本设备量和居民户计划购买的新住房和耐用品量减少。例如，近年来美国政府赤字增加使得政府对贷款的需求增加，这就导致了利率上升，抑制了居民与企业的支出，总需求减少。相反，日本和欧洲资金流入美国，使贷款的供给增加，在一定程度上减缓了利率上升与总需求的减少。

其次是汇率。汇率之所以影响总需求，就是因为汇率的变动影响国外购买国内产品所支付的价格，以及国内购买国外产品所支付的价格。例如，假设美元与人民币的汇率是 1 ∶ 6，那么，美国人购买中国一台价格为 6,000 元的电脑是就要支付 1,000 美元。如果美国的电脑与中国的电脑质量一样而价格只有 900 美元，美国人就会选择购买本国电脑。但如果美元汇率上升为 1 ∶ 8，那么，购买价格为 6,000 元人民币的电脑只支付 750 美元，此时美国人就会选择购买中国电脑。所以，当两国物品的价格不变时，汇率的变动会影响相对价格，从而影响总需求。在其他条件不变的情况下，本国货币汇率上升，总需求减少；汇率下降，总需求增加。

再次是货币量。货币量越大，总需求也就越高。当货币量增加时，总有一部分货币用于支出，这就会增加总需求。货币量变动对总需求的另一种影响是通过对利率的影响而施加的。货币量增加会使利率下降从而增加总需求。货币量的波动以及由此而引起的利率的波动往往是总需求波动的最重要根源。

最后，再谈谈政府购买的问题。政府对物品与劳务需求的大小直接影响总需求。如果税收不变，政府的各种购买越多，总需求也就越大。对政府需求影响最大的是战争，所以，战争时期总需求总是很高的。

总供给

总供给 (Aggregate Supply，AS) 指经济社会所提供的产品与劳务的总和。为了了解短期经济波动以及经济的短期行为如何与其长期行为不一致，我们既要考察长期总供给，又要考察短期总供给。宏观经济学中的长期和短期的划分，可简单地以假设价格是黏性（或刚性）的还是可以灵活调整的来区分：前一种分析就是短期分析，也是凯恩斯学派的基本假设；后一种是长期分析，也是古典经济学的基本出发点。[①]

长期总供给（LAS）

经济学家一般都假定长期中工资和价格是完全灵活的，因此，价格的任何幅度的变化都会引发工资、租金等成本相同幅度的变化。当所有成本要素都做了充分的调整之后，企业所面对的价格成本比率与需求变化之前是相同的。因此，这样的价格上涨是不会刺激企业增加产量的。因此，长期总供给曲线是垂直的，与价格无关。

长期总供给只取决于生产要素（劳动、资本、自然资源）以及技术和自然失业率等。这些因素决定了一国的生产能力和生产率，进而决定了它的实际产出水平。长期总供给和物价水平无关。在长期中，社会的总人口会随着时间的变化而变化。造成这种变化的因素有很多，工资水平、生活质量、环境质量导致的移民，生育政策的变动引起的新生儿的增加，等等，都是引发社会总人口变动进而引发社会总供给变动的重要原因。美国的“婴儿潮”就曾经使大约20年后的美国劳动力数量突然增加，进而总产出增加。经济的生产能力也和自然资源的储量有关，新资源的发现或者资源可获得性的变化也会引起总供给变动。例如，新型能源的发现通常会在长期内使总供给增加。此外，技术进步也有类似的效果。

短期总供给（SAS）

与长期总供给不同，在短期中，物价水平和实际产出之间存在着一种正相关的关系，我们可以通过考察劳动力市场得出上述结论。经济学家关于短期中某些生产要素（工资和原材料）的价格相对于物价变动的敏感性有三种不同的假设，引出了三种不同的短期总供给理论。

早期古典学派的看法属于一种极端，认为工资与原材料的价格能伴随物价的变化而立即发生变化，因此市场一直处于均衡，短期供给与长期供给一致，都与物价水平无关。凯恩斯的观点处于另一个极端，他认为，无论物价怎么变化，工资水平与原材料价格都不会发生变化。这意味着价格在短期内（达到充分就业水平之前）是刚性的。一些现代学者的看法介于二者之间，即工资水平和原材料价格水平会随着物价水平的变化而变化，但有一定的滞后。在这种情况下，短期总供给和一般价格水平正相关。这是由实际价格和预期价格（P^e）的不一致造成的。②

为什么物价水平的变动在短期中影响产量呢？宏观经济学家提出了三种理论。虽然以下每种理论在细节上不同，但它们具有一个共性：当经济中的实际物价水平背离了人们预期的物价水平时，供给量就背离了其长期水平或自然失业率的水平（Yn），物价水平和实际产出之间呈现出正相关的关系（如图 9–6 所示）。

首先是黏性工资理论。该理论认为，工资在短期中受合同限制，是黏性的。在合同到期之前若工资成本不变而产品价格（进而物价）上涨，企业的利润就会增加，于是企业扩大生产规模，产出就会增加。所以物价水平的上涨会促使厂商生产更多的产品，增加整个经济体的供给。

其次是黏性价格理论。一些物品与劳务的价格针对经济状况变动所做的调整也是缓慢的。这种缓慢的价格调整，部分是因为调整价格要付出成本，即所谓的菜单成本。例如在经济繁荣时期，多数企业都提高价格，但个别企业反应迟滞，使自己的价格低于真实价格。这种低价会使顾客数量增加从而引起这些企业增产。

最后是错觉理论。尽管物价总水平上升，但对单个厂商来说，他可能会误以为只有自己的商品价格上涨了，于是为了能获得更多的利润，他会扩大生产；当所有企业都有这样的错觉的时候，经济中的总供给就增加了。

值得注意的是，这三种理论都强调了一个可能只是暂时存在的问题，这些情况都不会持久存在下去。随着时间的推移，名义工资将变得没有黏性，价格将变得没有黏性，并且对相对价格的错觉也将得到纠正。在长期中，工资和价格都将具有完全伸缩性。

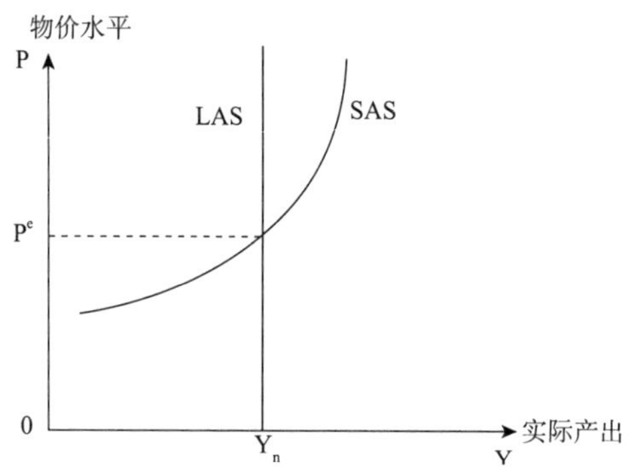

图 9-6 长期和短期的总供给曲线

同长期总供给一样，短期总供给也可能会随着社会条件的改变而发生变动，这就是短期总供给曲线的移动。引发短期总供给曲线移动的因素除了之前提到的劳动、资本、自然资源和技术知识外，还包括人们预期的物价水平。

通常情况下，预期物价水平下降使短期总供给增加，预期物价水平上升使短期总供给减少。例如，在劳动合同签订时，如果工人和企业预期物价水平要上涨，他们就倾向于达成一个高名义工资的合同。而高工资增加了企业的成本，导致其实际供给的物品和劳务减少，最终造成短期总供给减少。

总需求和总供给模型

经济增长的过程始终跌宕起伏，悬念重生。萨缪尔森说过："在繁荣之后，可以有恐慌与暴跌。经济扩张让位于衰退，国民收入和产出下降。价格与利润跌落，工人失业。当到达最低点以后，复苏开始出现。复苏可以是缓慢的，也可以是快速的。新的高涨可以表现为长期持续的旺盛的需求、充足的就业机会以及增长的生活标准，也可以表现为短暂的价格膨胀和投机活动，紧接而至的是又一次灾难性的萧条。这就是所谓的经济周期。”人们非常希望能准确地把握经济波动，以争取将自己的损失降到最低。而总需求—总供给模型（或 AD-AS 模型）就是经济学家分析短期经济波动的基本和强有力的工具。

均衡

我们知道，总需求表达了商品市场和货币市场同时达到均衡时的物价水平与产出之间的关系；而总供给曲线一般表示劳动力市场均衡时的物价水平和产出之间的关系。把它们放在一起，就构成 AD-AS 模型。它既能反映三种市场的均衡状况，又决定了国民经济均衡时的产出和物价水平。

当长、短期总供给和总需求相等的时候，经济实现了均衡，此时的产出（或国民收入）为均衡产出，根据长期总供给的定义，它也是潜在的或者充分就业的产出，此时的实际物价水平与预期的物价水平相同，社会实现了充分就业，我们说整个国民经济处于均衡状态，[③]这是经济的长期均衡（如图 9–7 所示）。

遗憾的是，从短期来看，它们三者并不必然相等，实际上，不相等反而是常态。我们把总需求和短期总供给相等看作是经济的短期均衡，一旦短期均衡所对应的产出不是（长期总供给对应的）充分就业的产出水平，就是短期均衡对长期均衡的背离，相应的失业率也不是自然失业率，实际的物价水平也不等于预期的物价水平，经济周期出现。当短期的实际产出大于充分就业的产出水平，经济繁荣，此时物价高于预期，出现通货膨胀，但失业率低于自然失业率；一旦短期的实际产出小于充分就业的产出水平，经济衰退，此时物价低于预期，出现通货紧缩，随之而原来的是失业率高于自然失业率，出现所谓的周期性失业。

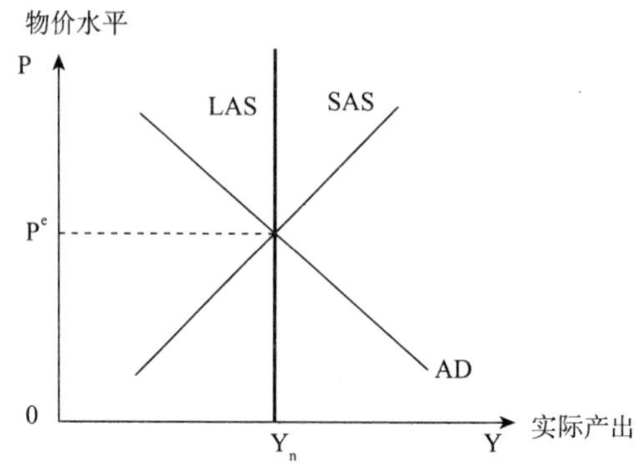

图 9-7 总需求—总供给模型

均衡的变动

为什么短期均衡会偏离长期均衡呢？因为在日常生活中，经济常常会受到各种冲击，有的来自需求，有的来自供给；有的是正面的冲击，有的是负面的冲击。下面我们就通过过去的一些经济事件来分别分析不同类型的冲击对均衡所造成的影响。

负的供给冲击。战争、自然灾害以及要素价格的上涨常常导致短期总供给减少，如果短期内总需求保持不变的话，均衡的总产出水平就会下降，同时，失业增加，物价上升，出现滞胀。可以说，在我们所要介绍的四种冲击中，这是我们最不希望看到的一种，因为其破坏力巨大，且不易治愈。20 世纪 70 年代的“石油危机”给西方国家造成的影响就是这样的。1972 年，自然灾害席卷全球，世界粮食生产比上一年减少 2.9%，许多国家出现严重饥荒；1973 年开始，由于阿以战争引起石油禁运，OPEC 通过限制石油生产提高了石油价格；1974 年，工资和价格控制被终止，工人要求提高工资的呼声高涨。一系列负面的供给冲击重创了美国经济，失业率上升，政府宽松的经济政策又导致通货膨胀越来越严重。

正的供给冲击。2007 年 4 月 18 日 0 时，中国铁路第六次大提速后，铁路客运能力提高了 18%。时速 200 公里及以上的 105 组国产化“和谐号”动车组和 332 台和谐型大功率电力机车投入运用；货运方面，在既有提速干线开行时速 120 公里、载重 5,000 吨的货运重载列车。铁路提速缩短了中国经济的循环周期，以北京到福州为例，提速前需要近34个小时，提速后只需要19个多小时，尽管压缩近一半，但车票价格并没有上涨。大提速实际上就为地方乃至全国经济带来了一次正的供给冲击。运输成本的降低，大大提高了生产效率，使我们能享受更多、更好、更便宜的商品和服务。

1995—1999年的美国经济也曾受益于正的供给冲击。1995年美联储认为经济达到潜在产出水平和自然失业水平，随后会过热。但事实并非如此，伴随着失业率水平的下降，通货膨胀率也在下降，分别由1995年的5.6%和2.8%，下降到1999年的4.2%和2.2%。这是因为，在20世纪90年代末，美国经济和社会发展条件得到了极大改善：卫生保健行业发生变化，健康维护组织的出现，降低了就医成本；计算机革命深刻影响了美国经济，极大提高了生产率；人口迁移的便利导致自然失业率下降。这些改善提供了永久性的正向冲击，提高了潜在产出水平。

正的需求冲击。改革开放使中国经济增长出现奇迹。企业自主权扩大增强了人们的积极性。为了满足社会固定资产投资增长的要求和解决企业的资金短缺问题，从1986年开始中国政府加大了政府财政支出，不断扩大政府财政赤字，特别是1988年实行财政“包干”体制以后，社会需求进一步猛增。与此同时，为了解决政府赤字问题，货币连年超经济发行，到1988年第四季度，市场中的货币流通量为2,134亿元，比上年同期上涨46.7%。宽松的货币政策为社会经济提供了正向的需求冲击，导致总需求增加，结果物价上涨，失业减少，实际产出增加。1988年6月，中央政府被迫开始实施价格明补，开放名牌烟酒价格，一系列措施加重了人们对价格预期的不确定性。8月份出现了抢购风潮和挤兑银行存款现象，银行存款减少了26亿元，官方宣布的通货膨胀率达到18.5%。另外由于实际产出超过潜在产出水平，短期总供给最终回到潜在水平，通货膨胀率进一步提高。

负的需求冲击。1992年年底，英国《经济学家》杂志警告说：1993年的某一个时候，蓬勃发展的中国经济将会出现危险的过热势头。1988年就差点着了火。当意犹未尽者仍在做着暴富之梦时，1993 年 6 月 23 日，时任国务院副总理的朱镕基突然发表讲话，宣布终止房地产公司上市，全面控制银行资金进入房地产业。第二天，国务院发布《关于当前经济情况和加强宏观调控意见》——一共 16 条以治理通货膨胀、消除经济过热为首要任务的综合治理措施。除了行政措施，朱镕基还亲自兼任央行行长，实施适度从紧的货币政策，减少货币流通，抑制过热的需求。

当总需求减少时，物价水平下降，总产出受到抑制，失业率上升到高于自然失业的水平。如果货币政策调节过度，会造成失业率剧增，因此，政府格外注重运用信贷政策调整经济结构。在结构上有松有紧，对低水平无效益的企业紧，对高水平高效益的企业松，对国家重点项目松。除了一些房地产项目之外，国家建设项目并没有停止，央行也成功减少了货币投放量，有效防止了经济再度过热，经济发展速度也维持了相对较高的水平。1996 年年底，国民经济成功实现“软着陆”，过热势头被遏制。中国经济不仅没有受到太大冲击，GDP 在 1994 年至 1997 年的四年中反而一直保持着每年 10% 左右的高增长。

治理：干预还是自愈?

于大萧条中发展起来的凯恩斯宏观经济学强调政府在经济稳定中的作用，并且曾经盛行一时，至今仍有市场。国家的宏观调控以总供给和总需求模型为基础，利用这个模型，我们不仅可以对现实的经济波动加以解释，亦可对政府的宏观经济政策效果进行预测。

对于宏观经济问题，今天的经济学家的观点大致可分为两类。一类相信自由市场的功能，认为经济有自我修复的能力。衰退时，不用采取任何手段，虽然短时间内，人民将饱受物资匮乏、失业加重、物价飞涨的痛苦（因为通货膨胀，工人会进一步要求涨工资，企业生产更加困难，物价持续上涨，失业进一步加重……），但情况不会一直恶化下去。只要失业增加到使工人意识到接受一份低工资的工作总比失业要好的程度，他就可能不再要求涨工资。接着物价稳定，企业生产开始逐渐恢复，就业及产出增加，短期总供给就会慢慢恢复到长期充分就业的产出水平上，经济“自愈”了。

遗憾的是，我们不知道上述“自愈”过程要花多长时间，如果时间过长，意味着经济要承受很长时间的失业和通胀之苦，代价不菲。于是有了另外一种做法，即经济决策者根据当前的经济形势，开出相应的“处方”，也就是财政政策或货币政策。这两类政策也被称为需求管理的政策，也就是说，它们影响的是总需求，而不是经济自愈所改变的短期总供给。扩张性的财政政策或者货币政策能增加总需求，进而增加产出和就业，伴之以物价上涨，这是用来对付经济衰退的；紧缩性的政策刚好有相反的效果，虽然降低了物价，但是是以牺牲产出和就业为代价的，主要用来对付经济过热。用财政政策和货币政策改变总需求来实现新的长期均衡，对于处理需求冲击格外有效，而处理负的供给冲击时，效果并不理想。因为，无论总需求增加还是减少，总会使失业和通货膨胀一个得到缓解，而另一会进一步恶化。[④]所以，20 世纪 70 年代的那场滞胀几乎宣告了凯恩斯需求管理政策的破产。

经济出现问题就好比人生病。举个例子，我们原本健康的身体由于天气突变而感冒，头疼、流鼻涕、打喷嚏……如果不打针、吃药，就靠自身的抵抗力帮助我们恢复，一般个把星期就好了。如果吃药、打针，也要个三五天的时间。日常生活中，感冒吃药的大有人在，为什么不咬牙坚持呢？一方面的原因是怕病情恶化；另一方面的原因是，自愈的过程很痛苦，吃药治疗可能需要的时间差不多，但可以减轻痛苦。自由主义者和干预主义者对待宏观政策的不同态度大抵如此。凯恩斯说：“在长期我们都死了。”真需要那么长的时间吗？新古典主义者并不这样认为，因为人有预期。后来，美国经济从 20 世纪 70 年代那场滞胀中恢复也的确比想象的要快得多。

第十章　财政政策和货币政策

正当全球股市（包括中国）突破一个又一个看似不可能的指数关口时，2007 年的金融危机给了全球经济以沉重的打击，它再一次提醒我们，经济增长从来都不是按部就班、一成不变的。繁荣时如夏日般生机盎然：就业充分，工厂加班加点，利润丰厚；而低迷时则如严冬一般万物肃杀：市场笼罩在持续的悲观情绪中，商业陷入危机，信用恶化，失业增加。

这是宏观经济运行中的一个重要现象，即经济周期或商业周期。经济周期的一个重要特征是不可预测性。它的周期并不像钟摆那样有精确的公式，或者像三角函数那样有规则的图形，而是更可能像天气那样反复无常，有时候甚至像一匹脱缰的野马，难以驾驭。

在这场危机之前，很多人（包括学者和决策者）早已经把经济危机的噩梦置于脑后，仿佛危机已经为人类的聪明才智所征服，而历史又一次地教训了我们。它最初由美国的次贷危机开始，逐渐演变成冲击整个发达国家的金融危机，最后变成重创世界经济的经济危机。

在这样的背景下，2008 年年初，美国国会迅速通过了一个耗资千亿美元的减税和转移支付计划。2009 年，奥巴马又签署了一个 7,000 多亿美元的刺激经济的财政方案。不仅是美国，其他国家也纷纷行动，受冲击相对较小的中国也通过了一项高达 4 万亿的经济刺激计划。而这些干预行为背后的理论基础便是流行一时的“凯恩斯主义”。

20 世纪初，美国政府一直沿袭“自由放任”的经济政策，反对政府干预。后来，大萧条如期而至，重创美国经济。罗斯福上台后，出台了一系列宏观经济政策并使之充分施行，最终经济得以回暖。再后来凯恩斯主义席卷全球、大行其道，正如诺贝尔经济学奖得主詹姆斯·托宾（James Tobin）所言，凯恩斯主义者希望将财政政策和货币政策紧密结合起来，共同促进宏观经济目标的实现。70 年代之后，自由主义抬头，凯恩斯主义宏观经济政策的有效性受到质疑。而始于 2007 年的这场危机又使得干预主义的思潮大有卷土重来之势。

其实，运用宏观经济政策调节经济运行的思想中国自古就有，春秋战国时期范蠡曾提出“粮贱害农”的思想，而后李悝也有关于控制谷价的措施。古书记载：丰年谷价下跌，国家收购谷物，价平则止。荒年国家出售丰年收购的谷物，抑制谷价，这是以国家政策调节价格的实例。

一般认为，宏观经济政策的主要目标有四个：经济增长、充分就业、物价稳定、国际收支平衡。这些目标之间可能会有各种关系，或正或负。要实现这些目标，很多人特别是政府决策者都认为，需要政府的宏观经济政策帮忙，而这其中最重要的就是财政政策和货币政策。

财政政策

财政政策指的是，政府为了实现宏观经济目标而对政府支出、税收和借债水平等所进行的选择，或对政府收入和支出水平所做的决策。从定义中我们可以看出，财政政策的目标是促进就业水平，减轻经济波动，防止通货膨胀，实现稳定增长。通过实施财政政策，政府还可以提供私人无法或者不愿意提供的服务。

财政政策有两个重要的工具：政府收入和支出。人们把公债和税收作为政府收入的来源，把政府购买和对社会的转移支付作为支出的去向。政府收入和支出的差额我们通常用政府预算来表示：收不抵支，叫预算赤字；反之，则称预算盈余。

以中国为例，改革开放以来，政府的财政收入和财政支出迅速增加，并双双突破万亿元大关（见图 10-1）。其年度增长率平均为近 19%，几乎是

GDP 增长率的 2 倍。从反映政府预算的图 10-2 来看，除了 1985 年和 2007 年，绝大多数年份都是预算赤字，特别是 2009 年，为了应付经济危机，预算赤字大幅增加，迅速达到数千亿元。政府预算的这一变化显然和经济周期有关，功能财政的思想在这两个图形中一目了然。[①]同样，美国也是一个预算赤字的国家，2007 年经济危机以来，赤字占其 GDP 的比重一直在 6%—12% 之间波动。随着经济的好转，2013 年又全新回到 6% 以下的水平。

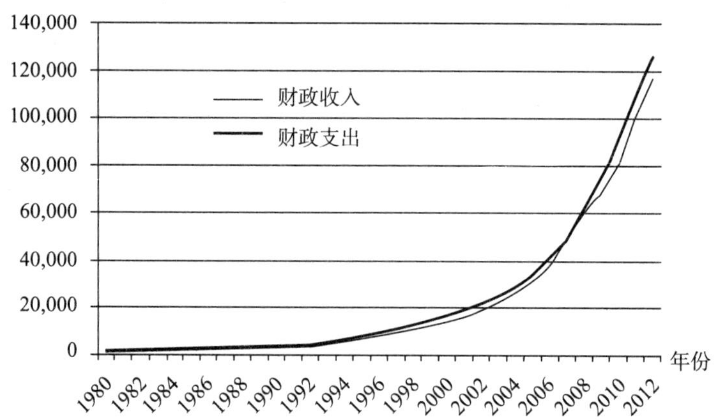

图 10-1　中国政府的财政收入和财政支出（1980—2012，单位：亿元）

资料来源：中经网统计数据库。

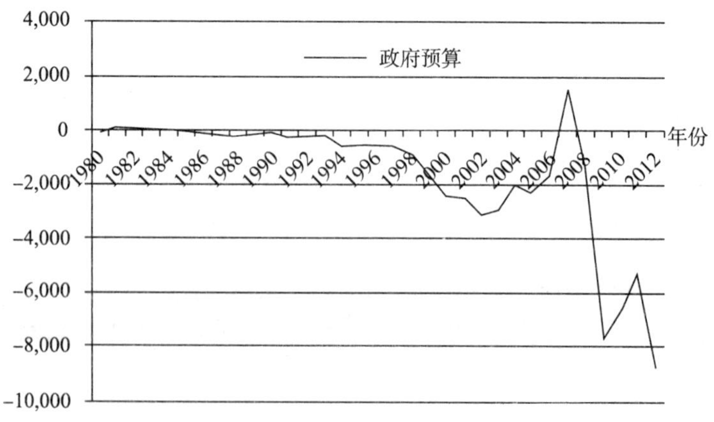

图 10-2　中国的政府财政预算（1980—2012，单位：亿元）

资料来源：中经网统计数据库。

财政收入

一个国家的政府预算要满足如下约束：

政府支出（G）= 税收（T）+ 政府债务变化（△B）+ 货币量的变动（△M）

其中，等式的左侧是支出，右侧是收入。该等式给出了政府财政收入的三个重要来源，其中，税收是比重最大的部分。以中国为例，财政收入由一般性财政收入和特殊财政收入构成。其中，一般性财政收入的形式主要有税收、国有资产收益、政府收费、专项收入等；特殊财政收入主要是专用基金收入和政府债务收入。以 2012 年为例，中央财政（预算）收入为 55,920 亿元。其中各部分的比重见图 10–3。由图形我们也能看出来，在政府的财政收入中，税收是最大、最主要的一部分，可以说，这一事实贯穿着整个古今中外的历史。最近二十年中国的财政收入和税收收入的情况如图 10–4 所示，通过与 GDP 比较，我们也可以大致推断一下二者的相对规模。

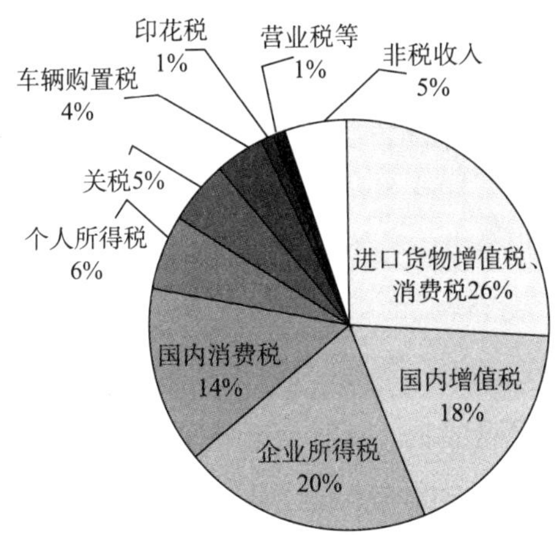

图 10–3　2012 年中国中央财政（预算）收入的构成

资料来源：《关于2011年中央和地方预算执行情况与2012年中央和地方预算草案的报告》。

在政府的种种起源中，有一种所谓的“强盗说”。远古时代，人口稀少，大部分人自食其力，个别好逸恶劳的选择了打家劫舍，靠抢劫别人的劳动成果为生。由于可抢的村庄不多，“一年抢几次，每次抢多少”就成为这群强盗所必须面对的一个重要的经济问题。如果进村一遇抵抗就杀人放火，无异于自断生路，明年还抢谁去？理性的方法是，怎么能做到以最小的成本拿走尽可能多的剩余，又不破坏村民的再生产。而当村民意识到抢劫几乎不可避免，接下来的问题就是怎么能使抢劫的损失最小。一旦双方都有这个想法，就可以坐下来谈判了。最终，村民可能同意将收入的一部分以“保护费”的形式交给强盗，而后者承诺进行必要的保护，避免其他抢匪的洗劫。就这样，强盗变成了政府，正式化的“保护费”就成了政府的税收收入。从这个例子中，我们能看出，税收的强制性与无偿性的特征。对一个缺钱的政府而言，在不致使政权倒台的情况下，没有比征税更经济的筹资途经了——无须还本付息。所以，早期的政府大多使用征税来筹集资金，但这要求政府具有一定的强权。而且，征税太多也容易引起动乱，一些研究经济史的学者声称，中国古代的王朝更迭，通常都和财政危机有关。天灾人祸、战争动乱、王侯挥霍、异族入侵，都需要花很多钱，那个时候大家能想到的就是征税，于是财政危机就会导致苛捐杂税多如牛毛的结果，弄不好，会使危机进一步恶化，政权倒台。而有的统治者，能厉行节俭，休养生息，这样才有条件减免税赋，几代人一起努力，才能造就一个盛世王朝。岂止东方，西方也是如此，税收权的争夺甚至是英国革命的焦点，造就了世界近代史的重要转折点。

税收是财政之源，也是调节经济的杠杆。但在现代社会特别是民主国家，政府征税的能力受到限制，并且会影响选举，减税才是赢得大选的灵丹妙药。于是，政府开始求助于其他手段来筹集资金。在这些手段中，对政府而言成本比较小的方式是向中央银行借债，实际上就是让中央增发货币，不过结果往往会伴随着通货膨胀，被称为“通胀税”。也就是说，政府通过制造通货膨胀的方式，将居民的购买力转移到自己的手中。虽然能达到和增税一样的后果，但手段更加隐蔽。两次世界大战之间的德国出现了人类历史上最严重的通货膨胀，物价在 1919—1923 年短短的四年间上涨了 10 万亿倍，而通胀的起因就和政府通过超发货币融资有一定的关系。

20 世纪 90 年代，巴西和阿根廷管用这种手段为政府筹集资金，两国的高通货膨胀反复出现。据估计，两国政府通过超发货币获取的收入占 GDP 的 5% 甚至 10%，要知道，其政府支出占 GDP 的比重也不过 30%。看来效果不错，所以，同弗里德曼的名言“通货膨胀随时随地是一种货币现象”相对，另一位宏观经济学大师（也是诺贝尔经济学奖得主）萨金特认为，通货膨胀是一种财政现象！

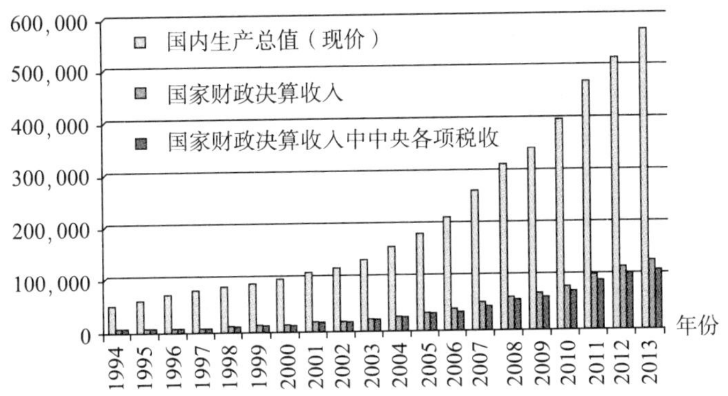

图 10–4　中国的国内生产总值、财政收入及税收收入的变动趋势（1994—2013，单位：亿元）

资料来源：中经网统计数据库。

不过，用制造通胀的方式来融资风险很大，因为一旦通胀引起民众的不满，政府就会下台，类似的例子不胜枚举。此外，它还需要政府能够控制或者影响中央银行的货币政策，也就是说，中央银行不是独立的，这对很多国家来说也很难做到。没关系，政府还有一种更常见的融资方法，那就是发行国债。

国债是政府发行的需要还本付息的债券。谁是债权人呢？可能是本国的居民，也有可能是国外居民。国债和一般的借款有类似的地方，例如作为借款者的政府需要讲信誉，“好借好还，再借不难”。如果有借无还，政府没有信誉，发行的国债就没人买。“国库券”就是一种常见的国债。改革开放之初，中国人的收入很低，那个时候大家都不愿意投资“国库券”，主动买的人很少，政府大多采用“强制认购”的方式，由单位直接用个人的工资“代买代扣”。当时个别有眼光的生意人看到了经济机会，以现金低价回收，最终大获其利。后来，随着新收入的提高，国库券因为其低风险的特征流行起来，成为普通大众投资的重要手段，每次发行的时候常常会出现排队认购的场景。

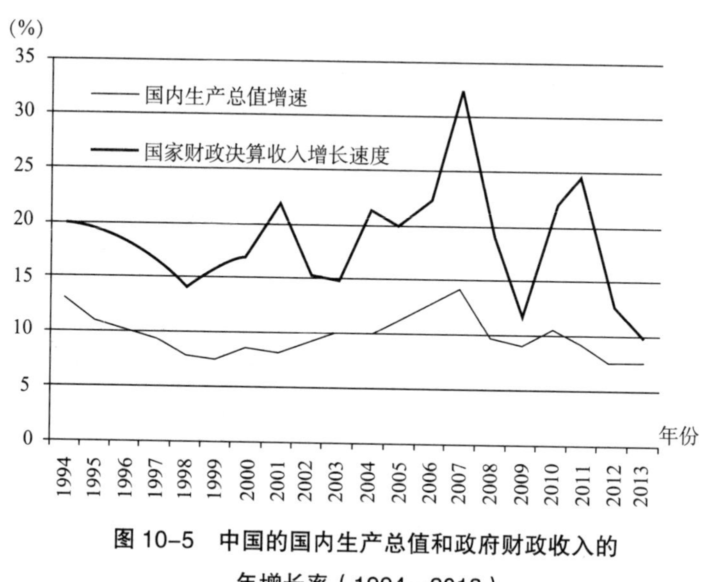

图 10-5　中国的国内生产总值和政府财政收入的年增长率（1994—2013）

资料来源：中经网统计数据库。

国债是靠未来的税收偿还的，属于“寅吃卯粮”，其规模总得有个限度，不能随意发行。我们把过去发行的、尚未赎回的债券存量称为政府债务。美国是从20世纪初开始以立法的形式确定政府债务上限的，二战期间迅速上升，最高接近过110%。其后一直下降，90年代出现另一个小高峰，接近50%，2005年，国债占GDP的比重为37%。最近几年美国政府出现的“债务危机”实际上就和债务上限有关——尽管这个法定的上限频繁地上调。债务规模达到一定程度后，那就只能发新债还旧债。

凯恩斯认为举债是筹措财政资金的最好办法。因为增加税收必然会引起纳税人的不满，而举债可达到增加政府收入和避免纳税人反对的目的。②但事实上，无论是在美国还是中国，政府的收入都主要来自于税收。

改革开放三十多年，中国经济和政府财政收入增长迅速。图 10–5 以 1994—2013 年这一期间为例，给出了 GDP 和政府财政收入的增长率。这二十年的经济增长率平均为 9.8%，近乎创造了经济增长的“中国奇迹”，而财政收入增长率平均为 18.6%，也非常罕见。

财政支出

政府每年收上来这么多的钱，都用到哪儿去了？一般来说，政府财政支出主要有如下几个大的方向：政府购买、转移支付、利息支付等等。

政府购买是政府在产品和服务上的支出，国防和教育是其中最重要的两项支出；转移支付是政府向居民提供的但并没有从后者那里获得产品和服务的支出，例如各种社保项目；利息支付，顾名思义，是向政府债务的债权人支付的利息。

以中国 2010 年的情况为例，当年全国财政支出 89,874.16 亿元，比 2009 年增加 13,574.23 亿元，增长 17.8%。其中，中央本级支出 15,989.73 亿元，占全国财政支出的 17.8%；地方财政支出 73,884.43 亿元，占全国财政支出的 82.2%。从公共财政支出科目来看，教育、社保、农林水利是支出中最大的三项（见图 10–6）。而美国的情况和我们略有不同，医疗和社会保障加在一起就占到全部政府支出的 2/5，如果再加上提供失业保险和岗位培训的劳工部的支出，基本上就是半壁江山了。余下的主要是教育和国防。因为社保、教育等方面的支出比较多，所以发达国家财政支出占 GDP 的比重一般会高一些。

货币政策

在现代社会，我们常常要接触到一些财经新闻，而有关“央行宣布调整存款准备金比率”或者“央行宣布降息”这样的新闻更容易引起我们的关注。炒股的人都知道，货币政策的变化会对一国的股市产生重大的影响。那么，到底什么是货币政策？它有哪几种类型？它的作用机理是怎样的？

它对我们生活的影响是正面还是负面的呢？

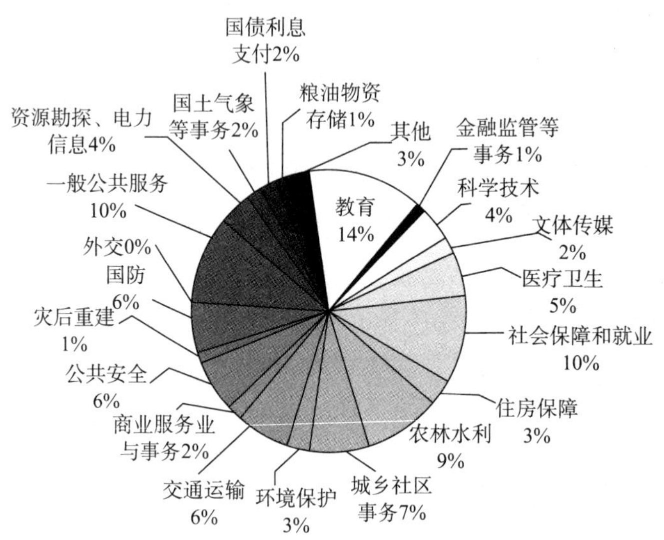

图 10–6　2010 年中国公共财政支出的构成情况

资料来源：中华人民共和国财政部。

货币的含义

货币政策一般指中央银行为实现其特定的经济目标而采用的各种控制和调节货币供应量或信用量的措施的总称，包括信贷政策、利率政策和外汇政策。③

说到货币政策，首先要知道什么是货币。货币从功能上来看，是指可以用来购买商品和服务的资产。货币具有充当交易媒介、价值尺度和存储手段等功能。可以说，同物物交换的经济相比，货币的出现，大大促进了交易和整个经济的发展，彻底改变了我们的生活。

从历史发展的角度看，货币的形态多种多样。早期有商品货币，也就是说，货币本身就是具有价值的商品，只不过是固定充当一般等价物的商品，例如金、银。到了现代社会，绝大多数国家会发行法定货币，这是一种没有任何贵金属作为价值支撑的货币，例如纸币。日常生活中，很多人把“钱”或者“货币”仅仅看作是纸币和硬币之和。如果从经济学的角度看，这大概是最狭义的货币了，叫作“通货”或“现金”。根据货币是一种资产的定义，通货是流动性最强的货币；而广义上来看，货币分为：

C（通货）= 纸币 + 硬币

MB（基础货币）=C+ 准备金

M1=MB+ 活期存款

M2=M1+ 储蓄存款 + 个人货币市场账户

所以，中央银行所谓的货币量，通常是指 M1 和 M2，这和我们一般人的理解有所不同。以美国为例，现金货币只占 M2 的 10% 左右，现金之外，是部分准备金制度下的商业银行创造出来的存款货币。

图 10-7 给出了中国的广义货币 M2 的发行量数据。1990 年以来，M2 以极快的速度在增加，用了 24 年的时间翻了 72 倍，GDP 快速增长是其中的原因之一；同期的美国这一数字只翻了 3 倍。至于它的后果，一会儿我们了解了货币的供求理论就一清二楚了。图 10-8 给出了中国、美国、OECD 成员国以及全世界的 M2 占 GDP 的比重。中国在 20 世纪 90 年代末后来居上，目前占比已接近 200%，发达国家（例如美国和 OECD 成员国）一般是 120% 左右，世界的平均水平还不到 100%。

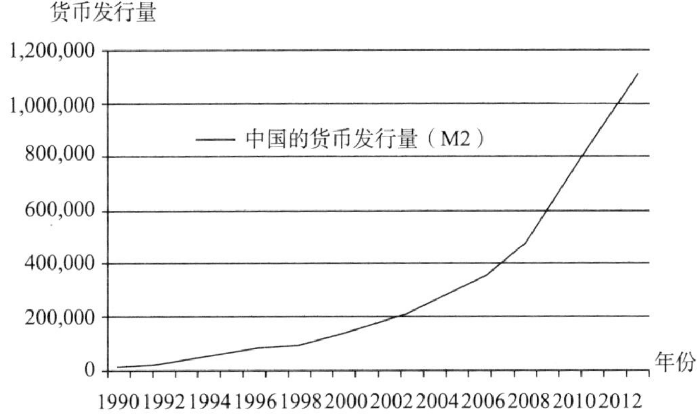

图 10-7　中国的货币发行量（1990—2013，单位：亿元）

资料来源：中经网统计数据库。

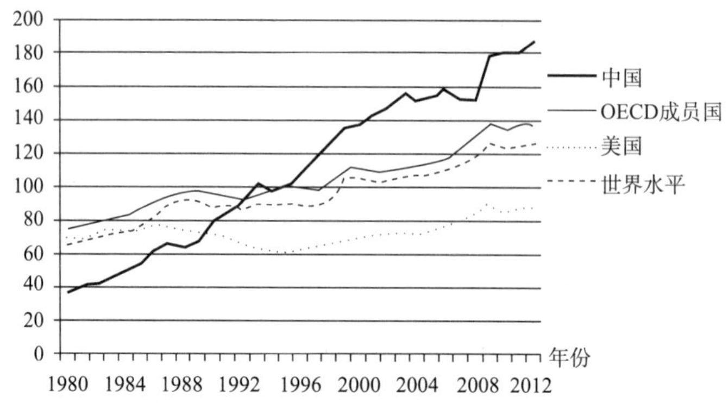

图 10–8　世界主要经济体广义货币（M2）占 GDP 的百分比（1980—2012）

资料来源：世界银行网站。

货币的供求

货币的供给通常是由一国的中央银行决定的。中央银行影响货币供应的常用手段是公开市场业务，也就是在公开市场上买卖政府债券，通过这种方式影响商业银行的准备金，进而影响整个商业银行所能创造出的信用货币的数量。

现代银行都实行部分准备金制度。银行不必把存款都放在那里等着储户来提取，也不能全都放贷出去，获取更多的利息。中央银行规定商业银行必须持有的那部分货币叫作准备金。部分准备金就是准备金占存款的比重介于 0 到 1 之间。如果是 20% 的话，意味着对于每笔存款，银行须留下本金的 20% 作为准备金，其余的 80% 可以在市场上放贷。假设甲最初有一笔 100 元的存款存入银行，银行可以首先贷给 A 企业 80 元，A 用它来向乙企业购买机器设备，乙又把它存入银行，银行接着又有 64 元可贷给 B 企业，B 企业拿它向丙购买原材料，丙再把钱存入银行……就这样不断地存、贷、存、贷循环下去。最终，100 元的基础货币共创造出 100×（1/0.2）=500 的信用货币，这里准备金比率的倒数就是货币乘数。当然，上述过程发生的前提是没有货币漏出，例如，个人不是把钱放在自己的腰包里，而是存入银行。

人为什么需要货币呢？我们在第七章曾经提到，凯恩斯有一个“流动性偏好理论”，他认为人出于交易、预防和投机这三种投机会持有一定数量的货币。弗里德曼也有一个“资产组合理论”来说明货币需求。人会持有一个资产组合，货币是其中之一，而货币所占的份额受财富、风险、预期收益和流动性的影响。

货币供给由央行决定，不受利率影响（但会影响利率），而货币需求和利率负相关，我们把货币供、求放在一起，就可以分析货币市场了。简单来说，若货币需求不变，供给增加则利率下降，供给减少则利率上升。不过，凯恩斯主义者认为在利率很低的时候，人们就会形成利率上升而债券价格下降的预期，货币需求弹性就会变得无限大，无论增加多少货币，都会被储存起来。在这个区域，货币供给变动几乎不会对利率产生影响，这被称为“流动性陷阱”。

货币政策的工具

假设你在外地上大学，春节即将来临，又是一年回家团圆时。你的最终目的是要回到老家。如果选择了坐火车回去，你面临的问题是如何买票，这时候“买到火车票”就成了你这次春节回老家的“中间目标”了。去售票点买票，电话订票，或者网上买票，这三个选项都是你实现“中间目标”的工具。

其实，央行推行货币政策也遵循着“买票回老家”的原理和步骤。货币政策的实施就是央行利用各种工具和手段来控制和调节货币供应量以及利率这样的“中间目标”来实现最终的经济目标（经济增长、充分就业、稳定物价等）的过程。最终目标一目了然，央行也面临着选择达到这些中间目标的手段的问题。

而实现这些中间目标央行有三大“法宝”：公开市场业务、存款准备金比率、法定贴现率。

公开市场业务。公开市场业务也称为公开市场操作，是指中央银行通过在公开市场上买进或卖出有价证券（特别是政府短期债券）来投放或回笼基础货币，以控制货币供应量，并影响市场利率的一种行为。如果央行想回流货币的话，就把国债卖给商业银行（或个人），后者的钱就跑到央行那里去了，换回几张债权凭证，央行把钱放起来，不让它们在市场中流通，这样就减少了基础货币，再通过货币乘数多倍地减少信用货币；反之，如果央行想增加货币供应，向市场投放货币的话，就反向操作，用手里的货币向商业银行购买债券，这样等于增加了商业银行的基础货币，再通过银行体系创造出更多的信用货币。

中央银行在公开市场上可使用的影响货币供应量的工具除了国债之外，还有央票。央票全称“中央银行票据”，是中央银行为调节商业银行超额准备金④而向商业银行发行的短期债务凭证，其实质是中央银行债券。与国债不同，央票的发行对象仅局限于商业银行，而非个人或其他企业。央票买卖的作用机理同国债类似。如果央行想回流货币的话，就会开一张“借款凭证”给商业银行，把商业银行的一部分货币“借到”自己手里。这种“借款”是一种带有强制性的行为，也就是当央行开出票据，商业银行必须拿出钱来买，然后钱就落到央行的口袋里了。商业银行可以用来放贷的钱大大减少，进而货币供给也减少了。近些年，央票在中国公开市场操作中发挥着越来越重要的作用。

法定准备金比率。每个家庭都会留一笔钱以备不时之需，商业银行也一样，为了应付客户的提款以及满足资金清算需要而准备一定的资金，这就是存款准备金，这些钱必须全数上交给银行界的“老大”——中央银行。

正是由于法律赋予了中央银行制定并推行货币政策的权力，所以央行可以在权力范围内，通过规定和调整法定存款准备金率，控制商业银行等金融机构的信贷规模，进而控制市场中的货币供应量。当经济萧条时，市场贫血，这时央行就会降低存款准备金比率，增加信贷规模，投放更多货币，给市场输血，从而注入活力，刺激经济复苏。而当经济过热时，央行会适时地提高存款准备金率，紧缩信贷规模，减少货币供应，从而为过热的经济降温。

图 10–9 给出了 2008—2011 年间中国 M2 增速的变动情况。当时中国经济面临着下滑的危险，央行为了刺激经济，自 2008 年 9 月起就大量增加货币供给，货币供应的存量在短短的两年的时间里差不多翻了一倍，通胀也随之而来。接下来为了缓解通胀压力，央行又多次上调存款准备金率，对经济体进行抽血，以减少流通中的货币量。仅 2011 年的上半年，人民银行就连续六次上调存款准备金率。其实在 2010—2011 年两年间，央行共 12 次上调有款准备金率，并且从量上看每次都为 0.5 个百分点，提准过后的市场中货币供给（M2）的变化明显，总量虽然增加，但增幅下降。

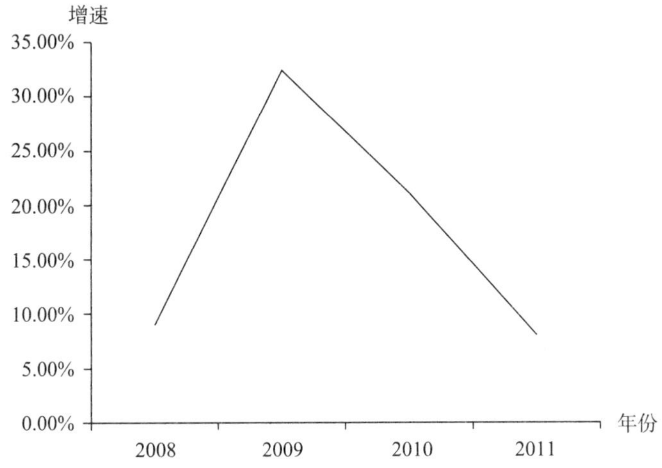

图 10–9　2008—2011 年中国流通中的货币量 M2 的增速

资料来源：中经网统计数据库。

法定贴现率。法定的贴现率又称为再贴现率，本质上是商业银行为了从中央银行借款而进行票据贴现所使用的贴现率，现在，一般指商业银行从中央银行借款所使用的利率。许多国家的中央银行都把再贴现率作为控制信用的一项主要的货币政策工具。对中央银行来说，再贴现是买进商业银行持有的票据，流出现实货币，扩大货币供应量。对商业银行来说，再贴现是出让已贴现的票据，解决一时资金短缺。整个再贴现过程，实际上

就是商业银行和中央银行之间的票据买卖和资金让渡的过程。当商业银行口袋里没钱了，它就会拿出票据，去央行借钱，来弥补自己的资金空缺。再贴现率就是央行扣留下来的不还给商业银行的那部分资金所占的比率。所以，再贴现率的提高就意味着商业银行的借款成本增加。

这样，中央银行就可以通过调整再贴现率来影响商业银行的贴现成本以改变商业银行对企业及个人的信贷利率。也就是说，你做生意的成本增加了，那么你卖的东西就肯定得更贵了，只不过商业银行卖的是钱。当它“生产钱”的成本增加时，利率就间接地被抬高了。

综上所述，中央银行主要通过上述三种政策工具来改变货币供应量，进而影响利率和投资，从而改变总需求。在这三种政策工具中，公开市场业务因为灵活、主动、连贯，而成为各国最主要的政策工具。中国人民银行也经常使用法定贴现率和法定准备金比率这样比较强的货币政策。而美国的美联储作为其中央银行，从 1992 年以来，基本就没再使用过法定准备金比率作为调节货币数量的工具。

财政政策和货币政策的作用机理

作用机理

要了解这两类宏观经济政策的作用机理，有必要先回顾一下支出法核算 GDP 的公式。我们知道，一国的 GDP 可以分解为四个部分：

GDP= 消费 + 投资 + 政府购买 + 净出口

等式右侧的四个部分分别对应着国民经济中四个部门（家庭、企业、政府和国外部门）的支出或需求。如果想增加一国的 GDP，可通过提高等式右侧的四个部分来实现。就一国政府而言，它所能直接控制的是“政府购买”这一项，但可以通过其他手段来影响其余各项，这些手段包括税收和转移支付，这就是财政政策的作用机理，也就是说，财政政策可以直接影响各部门的总需求，进而影响总产出。

货币政策的作用机理要复杂一些。中央银行通过三种政策工具改变货币供应量，在货币需求不变的情况下，货币供给量变化会改变利率水平，利率是投资的成本，利率变了，投资就会跟着变动，进而总需求和经济中的实际产出也会跟着变动（见图 10-10）。由此可见，货币政策对总需求和产出的影响是间接的。时间上，现代多数宏观经济学家认为，上述过程只是短期的一种情形，在长期中，货币数量的变化只会影响价格水平这样的名义变量，实际变量包括真实的产出和就业都不受影响。

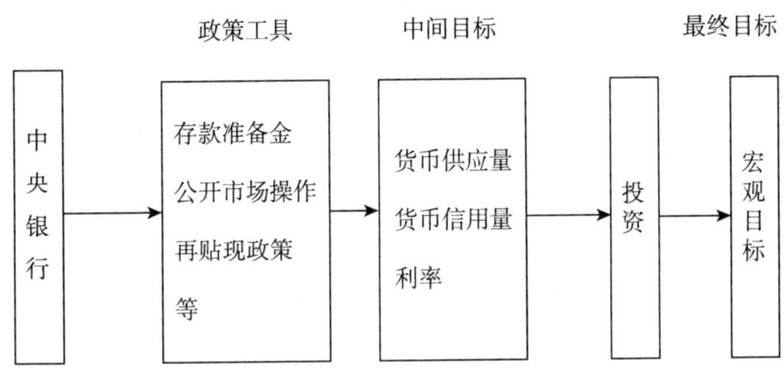

图 10-10 货币政策短期的作用机理

货币政策作用于经济中总产出的“链条”很长，并且涉及几个市场，所以，即便在短期，也并不总是有效的。例如，如果利率处于很低的水平，则“流动性陷阱”会使得货币供给变化并不能改变利率水平。另外，利率只是决定投资的一个因素，投资更主要的是受期望收益的影响。按照凯恩斯和眼下行为经济学家的说法，投资者的“动物精神”使得他们在经济状况好的时候容易过分乐观，而在经济低谷中又容易过分悲观，这时利率的小幅调整很难影响他们的投资决策。

政策类型

无论是财政政策还是货币政策均有扩张性和紧缩性两种类型。它们都是通过影响总需求进而改变经济的总产出或实际 GDP 水平，因此，又被称为需求管理的政策。两种政策的使用规则是“逆风向或反周期”，即经济衰退的时候采用扩张性的财政政策或者货币政策，经济繁荣的时候采取紧缩性的政策。这样就会尽可能地熨平经济周期，使经济保持平稳增长。[⑤]在经济学中，根据经济的具体情况而采用特定的宏观经济政策，被称作相机抉择的宏观经济政策。

紧缩性的财政政策就是要通过增税和减少政府支出来降低总需求，进而降低产出和一般价格水平，但同时也会使失业人数增加。这是为了防止经济过热而采取的手段。反之，如果经济低迷，为了避免进一步恶化，就有必要采取扩张性的财政政策，减税或增加政府支出。为了应对 2007 年开始的全球性的金融危机，多数国家都出台了类似的扩张性财政政策，以使经济尽快走出低谷，中国的 4 万亿政府支出，就是代表性的一笔。

货币政策也分为两种。扩张性货币政策就是中央银行通过三种政策工具增加市场上的货币供应（一般是 M2），降低市场上的存贷款利率，以此来刺激投资和产出水平。紧缩性的货币政策则刚好相反：减少市场上的货币供应量，提高利率，使资金使用的成本上升，从而减少投资进而减少产出。

2008 年金融危机之前，中国经济就像打了“兴奋剂”，一直处于过热的状态。那个时候中国经济面临的最主要问题是通货膨胀，所以政府一度实行紧缩性货币政策，意在给经济降降温，这种政策一直延续到 2008 年

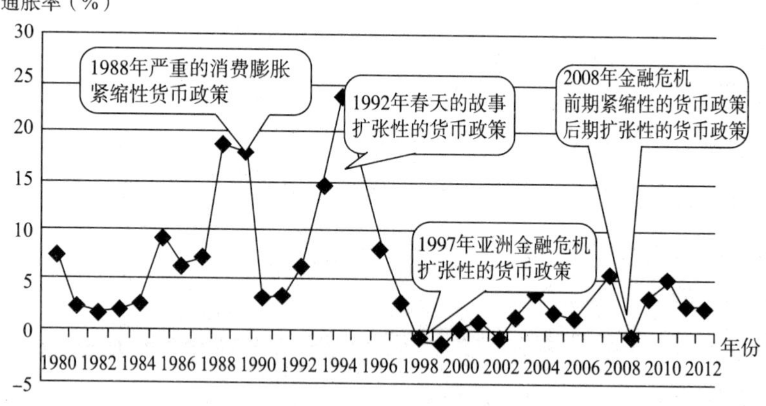

图 10-11 中国通胀率与货币政策（1980—2012）

资料来源：中经网统计数据库。

金融危机爆发一段时间后。但金融危机的“冷却”作用远远强于紧缩性货币政策。2008 年 9 月，中国经济开始出现下滑，通胀率不断下降，失业率增加，经济萎缩。此时，央行果断实施扩张性货币政策，给已经遭受冲击的经济体加热。图 10-11 对改革开放三十年的货币政策进行了简单的回顾。从中，我们可以看到物价水平同政府货币政策之间的关系。其中，“逆风向”、“反周期”、“相机抉择”的特点一目了然。

两种政策的配合使用

既然两种政策都能通过影响总需求来改变产出、就业和物价水平，所以在一般情况下，一国会选择“双管齐下”策略，即财政政策和货币政策配合使用。

首先，扩张性的财政政策和扩张性的货币政策，即“双松”政策。政策的结果，必然使社会的总需求扩大。在社会总需求严重不足，生产能力和生产资源未得到充分利用的情况下，利用这种政策配合，可以刺激经济的增长，扩大就业，但却会带来通货膨胀的风险。其次，紧缩性的财政政策与紧缩性的货币政策，即“双紧”政策 。这种政策组合可以有效地制止需求膨胀与通货膨胀，但可能会带来经济停滞的后果。再次，紧缩性的财政政策和扩张性的货币政策。紧缩性的财政政策可以抑制社会总需求，防止经济过热和制止通货膨胀；扩张性的货币政策在于保持经济的适度增长。因此，这种政策组合的效应就是在控制通货膨胀的同时，保持适度的经济增长。但货币政策过松，也难以制止通货膨胀。最后，扩张性的财政政策和紧缩性的货币政策。扩张性的财政政策在于刺激需求，对克服经济萧条较为有效；紧缩性的货币政策可以避免过高的通货膨胀率。因此，这种政策组合的效应是在保持经济适度增长的同时尽可能地避免通货膨胀。但长期运用这种政策组合，会积累起大量的财政赤字。

从以上几种政策组合可以看到，所谓松与紧，实际上是财政与信贷在资金供应上的松与紧，也就是银根的松与紧。凡是使银根松动的措施，如减税、增加财政支出、降低准备金率和利息率、扩大信贷支出等，都属于“松”的政策措施；凡是收紧银根的措施，如增税、减少财政支出、提高准备金率和利率、压缩信贷支出等，都属于“紧”的政策措施。至于到底采取哪一种松紧搭配政策，则取决于宏观经济的运行状况及所要达到的政策目标。一般来说，如果社会总需求明显小于总供给，就应采取松的政策措施，以扩大社会总需求；而如果社会总需求明显大于总供给，就应采取紧的政策措施，以抑制社会总需求的增长。

自从货币政策和财政政策机制建立起来，中国政府就很注重两类政策的配套使用。图 10–12 给出了改革开放以来不同经济形势下宏观经济政策的选择，而通过经济增长率的变化，我们也能看出这些政策的效果。例如，1997 年 10 月的亚洲金融危机给了中国经济以重重一击，GDP 增速迅速下滑。面对经济的不断萎缩，朱镕基总理果断推行“双松”政策，不断给市场“输血”，注入流动性。这种“双松”政策一直持续到 2004 年才结束。其间中国的 GDP 增速一度攀升至 10%，令世界震惊。

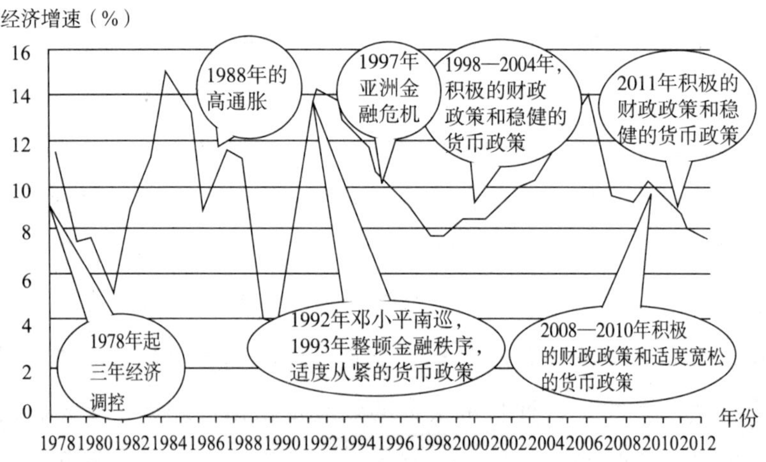

图 10–12　改革开放以来中国经济政策与 GDP 增速的关系（1978—2012）

资料来源：《中国货币政策执行报告》，中国人民银行。

其他问题

财政政策和货币政策还有一些特殊的主题需要我们了解，例如，财政政策中，如果政府等量增加政府支出和税收的话，政府预算不变，对经济里的影响如何呢？为什么有人主张放弃相机抉择的宏观政策呢？

乘数效应和自动稳定器

在使用财政政策的时候，我们需要注意其乘数效应，即自主性支出的增加（或减少）导致均衡国民收入成倍的增加（或减少）。这里的自主性支出包括政府购买、转移支付、税收等等。从简单的乘数来看，其大小和边际消费倾向[⑥]有关，数值一般大于 1。例如，倘若政府购买乘数是 5 的话，意味着政府购买增加 1 万元，均衡国民收入会增加 5 万元。乘数为正，表示该支出对国民收入的影响是正的，多数乘数都是如此，但税收乘数是个例外，为负（且略小于政府购买乘数[⑦]），这意味着税收增加会导致国民收入成倍减少。于是，回到我们前面的问题，如果税收和政府购买等量增加的话，会有什么结果呢？虽然政府的预算不变，但国民收入还是会增加。[⑧]当然，乘数效应是一把双刃剑，如果政府购买减少，则国民收入会成倍地下降。可见，乘数效应的存在使经济波动加剧了。另外，乘数发挥作用还要以经济中存在闲置的资源为前提。

不过，有学者指出，财政政策的某些制度安排能起到自动稳定经济的作用，因而不需要政府相机地改变它们。这些制度安排包括累进的所得税制度、政府的转移支付以及农产品的价格维持制度，等等。

当经济衰退时，在累进的所得税制度下，收入会落入一个税率更低的区间，同收入相比，个人所需缴纳的所得税下降得更快，这相当于自动实施了减税的扩张性财政政策；反之，当经济繁荣时，收入增加，会落入一个税率更高的区间，所得税增加的速度快于收入，相当于自动实施了增税的紧缩性财政政策。

政府的转移支付也有类似的效果。当经济进入衰退且工人被解雇时，更多的人有资格申请失业保险补助、福利补助和其他形式的收入补助。这种政府支出的自动增加正好在总需求不足时刺激人们的购买意愿。而经济繁荣时，人们就业充分，收入提高，政府不需要资助很多人，也更不需要替代民众花钱去刺激经济了。实际上，当20世纪30年代美国最早建立失业保险制度时，经济学家支持这种政策的部分原因就在于它起到了一种自动稳定的作用。

这种自动稳定器虽然好用，但是它对经济的调节力度还没有强大到足以完全防止经济波动的程度，正是由于这个原因，很多经济学家转向相机抉择的财政政策。

单一货币规则

相机抉择的宏观政策是凯恩斯学派的主张，但后面会提到，这类政策有一些弱点往往使得政策矫枉过正，甚至效果适得其反。因此，不少经济学家都致力于解决这个问题，由此而产生了很多新的宏观经济学派，其中，最有影响力的就是以弗里德曼为代表的现代货币主义，他们提出了单一规则货币政策，主张利用政策的内在稳定性来调节经济。在20世纪70年代之后，凯恩斯主义对发达国家的滞胀问题束手无策，单一货币规则逐渐受到各国的青睐，大有取代凯恩斯相机抉择货币政策的趋势。例如，英国的铁娘子撒切尔夫人在其执政时期就采用了单一规则货币政策，美国的里根总统也曾采用过这一政策。

单一规则货币政策是指将货币供应量作为唯一的政策工具，并制定货币供应量增长的数量法则，使货币增长率同预期的经济增长率保持一致。该政策主张，货币政策的制定应该遵循固定的规则，这个规则应该是公开的、长期稳定的，而不是交由政策制定者相机抉择。单一规则货币政策的背后隐藏的是货币主义者对中央银行的不信任，他们认为即使存在货币政策来平稳经济周期的余地，央行也不能有效地实行。以弗里德曼为代表的现代货币主义者认为，经济的不稳定性不是来自于微观个体，而是由于政府对经济的干预。这其实也是弗里德曼自由主义思想的体现，追求政府的不作为。弗里德曼建议，货币供应量每年应该按照一个固定比例（固定比例 = 实际国民收入增长率 + 通货膨胀率），如 4%— 5% 增长，即单一货币规则，其背后的经验支撑来自于其名著——《美国货币史：1867—1960》一书。

宏观经济政策的局限

上述两种宏观经济政策的作用机理看似简单明了，但其效果往往不甚理想。首先，它在短期能影响实际变量，例如收入和就业，但长期往往只能影响一般价格水平，货币政策尤其如此；另外，需求管理的政策在处理需求冲击（例如大萧条这类事件）方面有效，会导致失业和通货膨胀此消彼长的结果（也就是菲利普斯曲线），但在处理供给冲击（例如石油危机导致的滞胀）时，往往力不从心。此外，这两类政策还存在如下问题。

时滞

宏观调控政策对经济的作用不是即时的，而是存在时滞效应。时滞效应包括两种，内部时滞（即从认识问题到制定政策所花费的时间）和外部时滞（即政策实施对经济产生影响所需要的时间）。内部时滞可以分为认识时滞和行动时滞。一般说来，宏观调控政策中，财政政策有较长的内部时滞和较短的外部时滞，货币政策则相反。财政政策的时滞效应主要是缘于政治过程。我们都知道，财政政策作为政府的一项决策，其制定是需要一系列程序的。在美国，大多数政府支出与税收的变动必须经过参众两院这两个立法机构通过并由总统签字。在中国，这些政策的制定理论上是需要经过人民代表大会及其委员会批准通过的。完成这个过程可能需要几个月，甚至一年半载。到财政政策的变动得到通过并准备实施时，经济状况可能已经改变了。例如，在制定政策时，经济有衰退迹象，我们需要刺激经济，而当几个月甚至几年后政策实施时，经济有可能已经过热了，刺激经济，岂不是火上浇油吗？和财政政策相比，货币政策的内部时滞短（不像税收变动要经过国会或议会的讨论），但外部时滞比较长，这和它对总需求的影响是间接的有关。

时滞之所以成为一个问题，部分原因在于经济预测的不准确。如果预测者可以提前准确地预测经济状况，就可以做出有前瞻性的决策。这样，即便存在时滞，也可以稳定经济。但是，要准确地预测经济是十分困难的，所以时滞效应还是无法避免。

财政政策的债务问题、挤出效应和李嘉图等价

自从20世纪30年代以来，凯恩斯主义的财政政策即相机抉择的财政政策就被世界各国政府广泛接受，这些积极的财政政策虽然使得宏观经济的运行在最近几十年更加平稳，却也把各国政府都推向了债务的深渊——今天，大多数工业国都陷入了巨额公共债务的困境。截止到2007年，几个主要发达国家的政府债务占GDP的比重分别是：日本161%，意大利96%，英国43%，美国36%，韩国32%。

金融危机迫使美国实行积极的财政政策，政府开支陡增，美国政府不得不多次上调债务上限。而为了避免政府因债务而破产，2013年4月10日，奥巴马签署了1,090亿美元的自动减支令。时任美联储主席伯南克在国会作证时警告说，该计划生效将拖累当年美国经济增长0.6个百分点，并将导致美国当年减少75万个工作岗位。危机对欧洲的打击更大，欧盟成员国先后出现债务危机。先是冰岛政府破产，紧接着便是希腊债务危机、塞浦路斯债务问题，而后意大利、西班牙、葡萄牙也都出现了类似问题。

各国政府大肆采用扩张性财政政策的目的在于挽经济大厦于将倾，可巨额的政府开支没有带来预想中的增长，这在一定程度上或许是因为财政政策存在挤出效应，也就是说，公共支出（不论来自税收还是国债）会增加货币需求，只要货币供给不变，就会使利率上升，从而会对私人企业的投资产生“挤出”。如果挤出效应足够大的话，足以令这个扩张性的财政政策的效果化为乌有。

哈佛大学宏观经济学家罗伯特·巴罗还认为，减税这样的财政政策可能效果甚微，对总需求和国民储蓄没什么影响，这个命题被冠以“李嘉图等价”的名号。[⑨]基本原理是，如果消费者具有前瞻性，在政府减税且不改变现在和未来的支出的情况下，理性的消费者就会意识到现在的预算赤字政策是靠未来的增税来埋单的，所以，尽管现在的税后收入增加了，但将来的税后收入会减少，因此，他不会把目前因为减税而增加的收入用于消费，而是会把它们存起来以应付未来的高税收。消费没有变化，总需求不受影响，产出也不变。

今天，随着宏观经济理论和实证研究的不断深入，人们对两种宏观经济政策的质疑一直没有断过，对政策的局限性也认识得越来越清楚。可以说，当今世界，所有国家的经济发展都在使用这两个政策，但方法各异。前面分别提到了财政政策和货币政策的不足之处。既然存在不足，政府在使用的过程中就要格外小心谨慎，毕竟经济现象要远比我们所认识的复杂得多，经济理论也没有强大到可以随心所欲地调控经济的地步。按照哈耶克的观点，如果决策者过分自负，极有可能把国家引上一条“通往奴役之路”。

注　释

第一章　GDP 与生活满意度

①有关库兹涅兹及其他经济学家的简介可参见马克·布劳格的《凯恩斯以后的 100 位著名的经济学家》，商务印书馆，2003 年版。有大量的基于麦迪逊数据的研究非常有趣，比如下面这篇文章：http://blogs.worldbank.org/prospects/long-swings-in-global-growth-drivers-0。

②在下面这个主页上，有一些麦迪逊的论文和整理的数据可供下载：http://www.ggdc.net/MADDISON/oriindex.htm。多年以来，很多学者基于这些数据的研究也非常有趣，比如下面这篇文章：http://blogs.worldbank.org/prospects/long-swings-in-global-growth-drivers-0。

③严格来说，这个图形是不准确的，因为我们并不是按照固定间隔来选取时间的，仅供参考。

④宾州世界表的网站为 http://pwt.econ.upenn.edu/cic_main.html。在这个网站上，你可以按照说明，一步一步选择，DIY 出各种想要的结果。

⑤数据来源于《中国统计年鉴：2010》。我们的 GDP 核算并没有完全与世界接轨。比如在支出法的核算中，没有构成比重的数据，特别是没有政府支出的数据。

⑥需要说明的是，我国目前正在对原有的国民收入核算体系进行修正，将建立一个新的核算体系，目标是将研究与开发支出计入 GDP，改进城镇居民自有住房服务价值核算方法，将土地承包经营流转收入计入财产收入，并将雇员股票期权

计入劳动者报酬。之所以做此调整，是因为目前的核算体系是采纳联合国 1993 年的《国民经济核算体系》标准，而联合国等国际组织在 2008 年对国民经济核算国际标准进行了修订，这使得我国的核算体系已经滞后。另外，美国在 2013 年也根据经济的现实情况，对国民收入和产品账户（NIPAs）进行了第 14 次调整，将企业研发、娱乐文化支出以及退休金等指票并入统计数据中，这使得美国的 GDP 比原先的统计增加了 3.6%。我国若采用新的核算体系，预计可以将 GDP 提升 1.3 个百分点左右。

⑦ Friedrich Schneider and Dominik H. Enste，*The Shadow Economy: An International Survey*，Cambridge University Press，2002.

⑧参见 Inglehart, Foa and Welzel, "Social Change, Freedom and Rising Happiness," *Journal of Personality and Social Psychology*。

⑨ http://www.eeo.com.cn/2011/1014/213413.shtml.

第二章 CPI

①网络上这样的电影总票房排行榜有很多，相互间的出入可能和计算的方法和时间有关，但各份榜单大体相似。

第三章 贸 易

①参见丁长青著，《中国古代的市场与贸易》，商务印书馆，1997 年版。

②诺贝尔经济学奖得主、英国经济学家约翰・希克斯在其晚年的《经济史理论》（约翰・希克斯著，厉以平译，商务印书馆，2005 年版）中对早期市场的发展和演进做了简单的介绍，但该书的内容远不止于此。

③亚当・斯密著，《国民财富的性质和原因的研究》（上卷），郭大力、王亚南译，商务印书馆，1972 年第 1 版，第 6—12 页。

④两个例子均源于曼昆《经济学原理：微观经济学分册》的不同版本。

⑤两人是师生关系，俄林后来还获得了诺贝尔经济学奖，当然，还有一些经济学家也对此有过贡献，例如大名鼎鼎的萨缪尔森。

第四章　经济增长

①这是已故经济学家简·佩恩（Jan Pen）的做法，本段引自戴维·韦尔的《经济增长（第 2 版）》一书，第 6 页。

②有意思的是，克莱默教授在 1993 年 8 月份（第 108 卷）的这一期《经济学季刊》（*The Quarterly Journal of Economics*）上共有两篇文章发表，都是后来学者研究经济增长和技术变迁问题的重要参考。

③ Maddison，A., 2001，*The World Economy : A Millennial Perspective*，OECD，p.28.

④ Kaldor, N., 1961，"Capital Accumulation and Economic Growth，" in F. A. Lutz and D. C. Hague, eds , *The Theory of Capital*，St. Martin Press.

⑤如果收入为 y，增长率为 n，则 t 时期的收入 $y_t=y^0(1+n)^t$。收入翻一倍，意味着 $y_t=2y_0=y_0(1+n)^t$，从而有 $2=(1+n)^t$。两边取自然对数得 $\ln2=t\ln(1+n)$，这近似于 $0.7=t\times n$。n 用百分数表示后，就得到"70 法则"。

⑥按照马克思的观点，经济增长方式可归结为扩大再生产的两种类型，即内涵扩大再生产和外延扩大再生产。外延扩大再生产就是主要通过增加生产要素的投入，来实现生产规模的扩大和经济的增长。而内涵扩大再生产主要通过技术进步和科学管理来提高生产要素的质量和使用效益，从而实现生产规模的扩大和生产水平的提高。而粗放式增长和集约式增长的含义与这两者大致相同。

⑦参见韦尔著,《经济增长》(第二版)，中国人民大学出版社，第 41 页。

⑧ Lewis. A., 1954, "Economic Development with Unlimited Supplies of Labor," *Manchester School*, Vol.22, pp.139-192.

⑨有大量基于"宾州数据表"的研究证实了这一结论，这其中包括几位作者本人的，如 Summers. R., and Heston. A., 1991, The Penn World Table (Mark 5) to

“An Expanded Set of International Comparisons 1950-1988,” *Quarterly Journal of Economics*, Vol.106(2), pp.306-328；以及 Mankiw. G., 2003, *Macroeconomics*, fifth edition, Worth Publishers, p.191。

⑩社会演化的复杂性在奥地利学派经济学家的作品中十分常见，通俗读本，可以参考：哈耶克著,《通往奴役之路》，王明毅译，中国社会科学出版社，1997年版；哈耶克著,《致命的自负》，冯克利译，中国社会科学出版社，2000年版；以及稍早一些的：米塞斯著,《社会主义：经济与社会学的分析》，王建明译，中国社会科学出版社，2008年版。

⑪克莱默的文章，特别是林毅夫教授有关“李约瑟之谜”的解答，都有类似的思想。参见“李约瑟之谜”，选自《制度、技术与中国农业发展》，林毅夫著，上海三联书店，1994年版，第244—278页；“李约瑟之谜与中国的兴衰”，选自《解读中国经济》，林毅夫著，北京大学出版社，2012年版，第20—53页；

⑫国际上的粮食供应贫富标准为：人均粮食100—300千克为赤贫（非洲以南的国家、印度、朝鲜等），人均粮食300—400千克为贫困（中国及部分亚洲国家），人均粮食400—600千克为自足（欧洲、南美洲及俄罗斯部分地区），人均粮食600千克以上为富裕（美国、澳大利亚等）。

⑬“人口红利”是指一个国家的劳动年龄人口占总人口比重较大，抚养率低，有利于经济发展。据专家估算，随着劳动人口占总人口的比重出现转折，我国的“人口红利”已于2013年消失。

⑭“人力资本革命”是20世纪五六十年代因舒尔茨（T. Schultz）、贝克尔（G. Becker）和明塞尔（J. Mincer）等三人各自独立又几乎同时在论文中提到人力资本的思想而在经济学界掀起的一场研究人力资本的高潮。其中，前两人还部分地因为这一贡献而先后获得诺贝尔经济学奖。

⑮这类研究有很多，经典的如 Mankiw, Romer, and Weil，1992，“A Contribution to the Empirics of Economic Growth,” *Quarterly Journal of Economics*，107(2)：407-437。几位作者发现，人力资本对净增长的贡献一点也不比物质资本小，实际上，国家间收入差距的78%可以由这两种资本来加以解释。

⑯福格尔凭借其对经济史的定量研究（计量经济史）而获得了1993年诺贝尔经济学奖。有关营养和保健方面的经济分析，也可以参考斯特劳斯（Strauss）和托马斯（Thomas）在这方面稍晚一些的研究。

⑰源于20世纪60年代，荷兰在沿海地区发现了大量的天然气田，结果导致该国工业部门的萎缩。类似的例子并不少见。历史上的西班牙曾经在美洲获得了大量的金银等财富，国家空前富裕，富人只需拿这些金钱同其他国家交换商品即可，不必自己生产，导致制造业停滞不前。当金银的流入停止后，西班牙的经济就开始落后于以前为它生产商品的那些欧洲伙伴。

⑱韦尔，“开放经济的增长”，选自《经济增长（第二版）》，中国人民大学出版社，2011年版。

⑲全要素生产率也叫技术进步率，即产出增长率超出要素投入增长率的部分。

第五章 失 业

①比如，美国政府在半个多世纪以前就以立法的形式规定了“就业为政府的首要经济责任”。奥巴马在竞选总统时也宣称，“创造更多的就业机会是政府的首要任务”。

②国际劳工组织将劳动力的年龄限定为15—65岁，我国的劳动法则限定为16—59岁。

③与我们通常所说的成年人口的概念不同，根据美国劳工统计局的定义，这里的成年人口指16岁及以上的有劳动能力的人口，可分为就业者、失业者和非劳动力三类人群。

④ Stephen A. Woodbury and Robert Spiegelman, 1987, “Bonuses to Workers and Employers to Reduce Unemployment: Randomized Trials in Illinois,” *American Economic Review*, vol.77(2), pp.513-530.

⑤ David Neumark and William Wascher, *Minimum Wages*， Massachusetts Institute of Technology，2008.

⑥ Daniel M. G. Raff and Lawrence H. Summers, “Did Henry Ford Pay Efficiency Wages ? ” *Journal of Labor Economics*,vol.5, 1987, pp.557-586.

⑦ A. W. Philips, “The Relationship between Unemployment and the Rate of Change of Money Wages in the UK,1861-1957,” *Economica*,vol.25(1958), pp.283-299.

⑧该文名为“货币政策的作用”，是弗里德曼就任美国经济学会主席的演讲。

⑨熟悉经济学的人可以看出，20 世纪下半叶，当时最伟大的一些经济学家几乎全都参与了菲利普斯曲线的研究工作，有意思的是，除了菲利普斯本人，上面提到的其他经济学家后来都获得了诺贝尔经济学奖。

第六章　通货膨胀

①保罗·萨缪尔森著,《宏观经济学》，华夏出版社，1999 年版。

②彼得·D. 希夫和约翰·唐斯著,《美国大崩溃》，中信出版社，2008 年版。

③如果两个变量是乘积（或商）的关系，则其增长率是和（或差）的关系。这个结论只需简单的微积分知识就能解释。

④有关总需求—总供给模型的内容，请参看本书“总需求和总供给”部分的内容。

⑤莫里斯·弗拉芒著,《通货膨胀》，商务印书馆，1991 年版。

⑥同上。

⑦便戈是匈牙利在 1925—1946 年间的基本货币单位。

第七章　利　率

①杰克·赫舒拉发等著,《价格理论及其应用：决策、市场与信息》（第七版），第十七章，机械工业出版社，2009 年版。

②计算的方法为：$\sum_{t=1}^{210} 4{,}500\,(1+4\%)^{t} \approx 82{,}700{,}000{,}000$。

③故事源于杰弗里·佩罗夫所著的《微观经济学》(第六版)的第十六章，本节后面的内容亦有参考。

④详见《财经》2012年第11期封面文章“利率汇率改革再推进——专访央行行长周小川”。

⑤经济学上对资源配置处于最有效率状态的一种描述，即不存在不让一个人的状态变差就能让其他人状态变好的选择。

第八章 汇 率

①近年来在国内很流行的一种购物方式。人在国内，通过网络等手段在国外直接购买商品，用外币结算，然后再寄到国内，这种购物方式叫海淘。购物者需要有一张能进行货币兑换的银行卡。

②一般认为，外汇除了包含外币，还包括以外币表示的用于国际债权债务结算的各种支付手段。

③郭凯著，《王二的经济学故事》，浙江人民出版社，2012年版。

④我国的外汇管理局网站用不同的标价法给出了人民币与主要外币每日兑换的中间价。其中，人民币与美元、日元、加元、英镑、欧元等货币的兑换使用直接标价法，如100美元=617元人民币。而对个别非主要货币(林吉特、卢布)使用了间接标价法，如100人民币=600.85卢布。

⑤这个案例源自《宏观经济学：政策与实践》一书的第18章，米什金著，中国人民大学出版社，2012年版。

⑥刘露，“人民币汇率波动对我国物价水平的影响分析”，《东方企业文化》，2011年。

⑦“人民币汇率变动对我国的物价影响的实证分析”，《中国证券报》，2003年，http://data.stock.hexun.com/invest/detail.aspx?id=434036。

⑧此外，还可以按浮动形式分为单独浮动和联合浮动，按被钉住的货币的不同，分为钉住单一货币的浮动和钉住合成货币的浮动。

⑨该思想最早由罗伯特·蒙代尔（Robert Mundell）的研究提出，后来由保罗·克鲁格曼（Paul Krugman）做了进一步的阐述，两人都是诺贝尔经济学奖得主。前者被称为“欧元之父”，后者因为准确预测亚洲金融危机而知名。

⑩中国人民银行金融研究所，“人民币汇率形成机制改革进程回顾与展望”，2011年10月12日。

第九章 总需求和总供给

①关于价格水平的假设不同，是二者的主要区别，但不是全部。此外，微观经济学也有类似的长、短期分类，标准也不一样。

②宏观经济学学派林立，这里讲的主要是综合了古典和凯恩斯观点的新凯恩斯学派的理论，并非所有经济学家都持有这样的观点。

③均衡与最优不同，所以，很难说此时的经济处于最优状态。

④这就是短期菲利普斯曲线描述的情形。

第十章 财政政策与货币政策

①功能财政是一种不以预算平衡为目标的凯恩斯主义的财政思想，是为了熨平经济周期而积极地使用财政赤字和盈余的政策。

②颜鹏飞、张彬主编，《凯恩斯主义经济政策述评》，武汉大学出版社，1997年版。

③货币政策有广义和狭义之分，我们在这里说的都是后者。

④超额准备金是商业银行在货币当局规定必须缴纳的法定准备金之外保留的一部分准备金。其目的主要是为了意外的大额提现、结清存款或更好的投资机会。超额准备金的变动将影响到货币乘数大小。

⑤经济衰退和繁荣主要看的是GDP的情况，具体而言是通过比较实际GDP和潜在（或充分就业的）GDP之间的关系来确定的。后者是经济中所有资源充分

利用时所能实现的 GDP。如果实际 GDP 小于潜在 GDP，则存在紧缩缺口，这个时候产出低，失业高，物价有下行的压力；反之，叫作通胀缺口，产出高、失业低，物价有上行的压力。

⑥边际消费倾向，是指收入增加 1 单位所导致的消费的增加值，这是一个大于 0 但小于 1 的数值。

⑦税收对总需求的冲击是负面的，且通过收入来影响消费进而影响总需求。也就是说，与政府支出乘数直接影响总需求相比，税收要通过消费来间接地影响总需求，效果要乘以边际消费倾向，而后者通常介于 0 到 1 之间。

⑧准确地说，这和平衡预算乘数有关，该乘数大于 0，为正，所以，保持预算平衡的情况下，等量增加税收和政府购买会增加均衡的国民收入。

⑨又叫作“巴罗—李嘉图等价”，后者是 19 世纪英国伟大的经济学家。

后　记

时至今日，世界经济还没有从经济低谷中走出来：美国迎头而上，曙光乍现；欧洲步履蹒跚，麻烦不断；中国经济增速下降，实业困难，进入“新常态”，急需通过关键性的改革来释放活力……由于缺乏经济学的训练，对普通百姓来说，这些天天现诸报端的新闻，虽耳熟能详，却不知其然，更不知其所以然。既然经济生活是人类生活的重要一面，那么，了解一些基本的经济学特别是宏观经济学的知识，对于现代人来说就十分必要。

困难的是，现代宏观经济学诞生虽不到一百年，但学派林立，常使人眼花缭乱，不知取舍。大体上看，可将它们分为“凯恩斯的”和“古典的”：前一类强调价格黏性、市场的非均衡和不确定性，甚至“动物精神”；而后者主张价格灵性、理性预期和市场出清。他们从经济的不同角度来观察宏观世界，而角度的不同常常体现在理论所依据的假设上的差异。假设不同，发展出的理论就不一样，就同一问题得出的结论也莫衷一是。最终谁对谁错，大概只有通过现实来检验和评判了。

出现这样的情况，一方面的原因是时间太短，理论还不成熟，另一方面也是由经济现象的复杂性造成的。好在多数人并不想成为经济专家，进而在最基本的宏观经济概念和理论方面的细微差异，可以忽略不计。本书的写作也出于这样的宗旨，如无必要，尽量中庸、简单。这要感谢多年来我所面对的学生，特别是汪丁丁教授指导下的社会与行为跨学科研究中心的学生们。虽然我们的课程是一年期的《价格理论》，但由于各种原因，我常常要在课堂上给讲一些简单的宏观知识。

感谢商务印书馆李彬编辑的信任和宽容，虽然被我一再“辜负”。我自己有几年不讲《宏观经济学》了，更谈不上以此为专业。写这本书足以证明，了解基本的宏观经济知识有多容易！

谷宏伟